6年深入跟踪研究
首创改革指数反映改革进展

$$CSRI_i = \frac{T_i}{47.96} \times 100$$

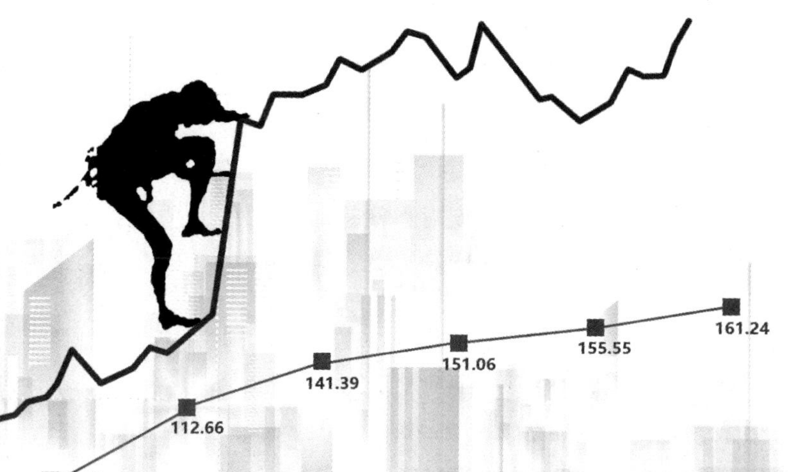

文宗瑜 谭静 / 著

国有企业改革进展及改革指数

（2015-2020）

Guoyou Qiye Gaige Jinzhan ji Gaige Zhishu

国企改革是一项系统工程
以攀登精神敢啃「硬骨头」
出真招方能见实效

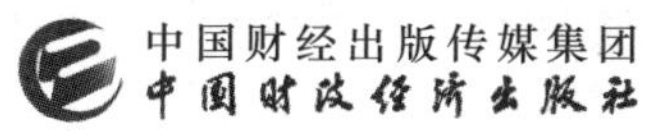

中国财经出版传媒集团
中国财政经济出版社

图书在版编目（CIP）数据

国有企业改革进展及改革指数：2015—2020／文宗瑜，谭静著．--北京：中国财政经济出版社，2021.4
ISBN 978-7-5223-0430-4

Ⅰ.①国… Ⅱ.①文… ②谭… Ⅲ.①国有企业-企业改革-研究-中国 Ⅳ.①F279.241

中国版本图书馆CIP数据核字（2021）第049882号

责任编辑：胡 懿　　责任校对：徐艳丽
封面设计：卜建辰　　责任印制：党 辉

国有企业改革进展及改革指数（2015—2020）
GUOYOU QIYE GAIGE JINZHAN JI GAIGE ZHISHU（2015—2020）

中国财政经济出版社 出版

URL：http：//www.cfeph.cn
E-mail：cfeph@cfeph.cn

社址：北京市海淀区阜成路甲28号　邮政编码：100142
营销中心电话：010-88191522
天猫网店：中国财政经济出版社旗舰店
网址：https：//zgczjjcbs.tmall.com
北京财经印刷厂印刷　　各地新华书店经销
成品尺寸：170mm×240mm　16开　10.75印张　133 000字
2021年4月第1版　2021年4月北京第1次印刷
定价：45.00元
ISBN 978-7-5223-0430-4
（图书出现印装问题，本社负责调换，电话：010-88190548）
本社质量投诉电话：010-88190744
打击盗版举报热线：010-88191661　QQ：2242791300

Preface 序

在我国改革发展的历程中，国企改革因其历程之长，涉及之广，意义之重大，是完全值得大书特书的一笔。

中国财政科学研究院是国内较早设立专门研究国企改革研究部门的国家高端智库。该院国资管理与资本运营研究中心前身为财政部财政科学研究所国有经济研究室。国资管理与资本运营研究中心长期在国有资产管理、国有企业改革、国有资本运营、国有经济布局结构调整等领域开展系统深入研究。在这本全面梳理并评价2015—2020年国企改革进展及改革指数的著作付梓之际，为其作序，对我来说既是对自己长期关注领域的回顾，也是一个重新思考的机会。

我是一个老“国资人”，有幸参与到国资国企改革轰轰烈烈的过程之中，所形成的感情是很深的。在国家国有资产管理局工作期间——当然这机构也成为国企改革过程的一部分——我与文宗瑜研究员曾一起共事，有过许多深入的探讨和交流。后来，我们虽在不同的岗位，但对于国资国企改革问题的关注一直没变。文宗瑜研究员更是一直在国资管理、国企改革、国资运营领域的研究一线深耕，成果丰硕，充分发挥“传帮带”作用，为国资国企事业的发展培育青年研究力量。

这本书是对近6年深化国企改革的一个社会化记录和评价。历史总是向前，回顾历史总能给人以启迪。2015年始，文宗瑜研究员和谭静副研究员就开始了对本轮（2015—2020 年）国有企业改革进展评价及国有企业改革指数的理论研究和年度报告的撰写。在没有后续研究经费支持的情况下，他们克服困难，6 年坚持跟踪研究与评价，依托年度报告对改革成效进行直观反映，并以此推动改革持续深入。实际上，以第三方研究机构的评价来审视和推动改革，在国际上是很普遍的做法，也富有成效。我想，在推动国资国企改革领域，他们就是在做这样一个尝试。

这本书采用定性和定量相结合的方法，在多个维度上考察国企改革进展，是比较客观的。我国的国企改革千头万绪，况且我们很多做法也是“摸着石头过河”，全面而准确把握并非易事。本书通过 4 个方面定性评价锚定方向，再以 7 个维度 22 个指标定量评价刻画成效，最后再用 1 个指数反映进展，是一个十分有价值的框架。从 100 到 161. 24，国有企业改革指数及其细项指标直观呈现了本轮国企改革的成效和问题，改革成绩值得肯定，但“没有啃下的硬骨头”也不能回避。

国资国企改革远没有到停歇庆功的时候，下一阶段的任务将会更难更重。在我看来，有几个方面是需要重点关注的。一是产权问题。产权可以说是国资国企改革的核心问题，向上牵连着国有资产的安全，向下牵连着国有企业的活力。要形成以“管资本”为主加强国资监管的体制，就要理顺、扭住、管好“产权”这个关键链条。二是授权问题。国有资产所有权是单一的，但产权是多元的。要加快国有资本授权经营体制改革，清晰授权、明确边界、各司其职，实现政企分开、政资分开、资企分开。三是激励问题。建设中国特色现代国有企业，就要真正回归企业市场主体定位，同时兼顾出资人各方利益，形成激励与约束相互制衡的市场化企业治理机制。四是风险问题。2020 年，全球经济受到新冠肺炎疫情严重冲击，中国经济率先实现了正增长。这一年，国有企业助力复工复产和疫情防控，表现出了强大的凝聚力，也暴露出一些风险，比如接二连三的债券违约。处理好国有企业改革，国有企业自身、连锁引致的风险，十分重要。

正如我们所看到的，国资国企改革事关重大，有一个客观真实的评价是必要的。面向未来，希望能看到更多、更好、更深的研究成果，为改革护航。期待中国财政科学研究院国资管理与资本运营研究中心继续在该领域深耕探索，以“国之大者”的情怀，以研究者的“工匠精神”，切实发挥好在国资治理、国资管理、国企改革、资本运营等领域的智库专家作用，打造更多重量级的研究成果，更好服务决策，推动改革。

2021 年 3 月

相关数据说明

本书中国有资本经营预算收入年度增幅等9个量化关键核心指标，主要数据来源是《企业财务报告数据摘要（2011—2015）》、财政部门公布的历年决算报告及1—12月全国国有及国有控股企业经济运行情况数据、统计部门的年度统计数据（统计年鉴、统计公报）和月度统计数据、中央人民银行数据库数据等。

国有资本经营预算收入和国有资本经营预算划转一般公共财政数额的数据来源于财政部公布的相关预决算报告，其中2015年、2016年、2017年的数据均来源于当年中央决算报告，2018年、2019年、2020年的数据分别来源于《关于2018年中央和地方预算执行情况与2019年中央和地方预算草案的报告》《关于2019年中央和地方预算执行情况与2020年中央和地方预算草案的报告》《关于2020年中央和地方预算执行情况与2021年中央和地方预算草案的报告》。在此基础上计算国有资本经营预算收入年度增幅和划转比例。

全社会固定资产投资总额及各类经济固定资产投资额数据来源于国家统计局年度统计数据（统计年鉴、统计公报）或根据月度数据进行推算。2017年后，国家统计局年度统计数据中不再公布按注册类型分社会固定资产投资额绝对数，因此后续年份的该数据是以2017年为基础，根据月度数据中的累计增速计算得来。

国有企业利润增长率、净资产收益率（ROE）、资产负债率、所有者权益总额增长率、资产总额增长率、应交税金年度增幅数据，2015 年的数据来源于《企业财务报告数据摘要（2011—2015）》。自 2016 年起，由于不同数据在不同年份的统计口径不尽一致，根据研究需要，选择财政部公布的各年 1—12 月全国国有及国有控股企业经济运行情况数据作为主要数据来源，从而保证数据的可靠性、连续性和可比性。

由于月度数据同样存在公布不够全面的问题，个别指标必须运用不同方法进行估算。一是 2016 年和 2017 年的净资产收益率为估算数据，主要估算方法是将近 3 年平均值作为所得税费率，利用月度数据公布的企业利润总额、所有者权益年初和年末数额估算得出。二是 2018 年的净资产收益率为计算数据，根据净利润和所有者权益总额计算得出，与全国国有及国有控股企业经济运行情况公布的净资产收益率数据的计算方法有所不同。三是财政部 2019 年 6 月后不再公布全国国有企业资产、负债、所有者权益等情况。因此，以 2019 年上半年末负债总额为基础，取 2016—2018 年每个年度年末全国国有及国有控股企业负债总额环比同年度上半年末负债总额的增速均值计算 2019 年末负债总额，而后根据《2019 年 1—12 月全国国有及国有控股企业经济运行情况》中公布的资产负债率计算加权净资产收益率和资产总额、所有者权益总额及其增速。四是 2020 年公开数据变动且受疫情冲击，因此估算方法稍有改变。以估算的 2019 年末负债总额为基础，以中央人民银行数据库中的社会融资规模存量增速计算 2020 年末的负债总额，并从《2020 年 1—12 月全国国有及国有控股企业经济运行情况》中获取 2020 年税后净利润和资产负债率数据，据此计算 2020 年的加权净资产收益率和资产总额、负债总额及其增速。

Contents 目 录

总 论

分 论

附　录

总　论

中国国有企业改革进展评价及改革指数设计

国有企业改革评价必须要对党的十八届三中全会以来的新一轮国有企业改革内涵进行准确界定，依据政策内涵设计国有企业改革进展及经济社会效应评价指标。通过设定的评价维度、选取的各类、各项、各档指标以及确定的各指标权重进行综合得分的定量评价。与定量评价相呼应，定性评价同时推出，在对国有企业改革进展及经济社会效应进行评价基础上，设立国有企业改革指数，即中国财政科学研究院国企改革指数（简称财科院国企改革指数）。指数基准日为 2015 年 12 月 31 日，指数基点为 100 点。通过每年计算出的改革指数，可以对 2015—2020 年的国有企业改革有更直观、更具体的评价。

与 2003 年党的十六届三中全会以后的上一轮国有企业改革相比，2013 年党的十八届三中全会以来的国有企业改革的困难更多，阻力更大。但是，国有企业改革又十分关键。国有企业改革能否持续深入推进，既关系到全面深化改革的进程及成效，也关系到中国经济转型能否到达到预期。针对本轮国有企业改革顶层设计已完成，“1 + N”的主要政策及文件已经出台，而国有企业改革仍“原地转圈”，国企混合所有制改革成为“筐”，什么改革都往“筐里装”的现状，对本轮国有企业改革的评价亟待进行。对本轮国有企业改革进行评价，既可以让决策层及时了解国有企业改革的实际进程及问题，又可以让社会公众知晓国有企业改革的具体进度及成效，从而形成全社会助推国有企业改革持续深入的合力。因此，中国财政科学研究院2015年启动了“国有企业改革评价及国企改革指数”这一重大课题的研究。该课题研究包括1个总报告和6个分报告。1个总报告即“国有企业改革评价及国企改革指数”研究报告，主要对国有企业改革的政策内涵，具体进展、经济社会效应定性评价方法和定量评价指标如何选取、国企改革指数设计等进行研究。6个分报告（2015—2020年每年一个分报告），即分报告一，中国2015年国有企业改革评价及国企改革指数；分报告二，中国2016年国有企业改革评价及国企改革指数；分报告三，中国2017年国有企业改革评价及国企改革指数；分报告四，中国2018年国有企业改革评价及国企改革指数；分报告五，中国2019年国有企业改革评价及国企改革指数；分报告六，中国2020年国有企业改革评价及国企改革指数。

一、国有企业改革的政策内涵及对经济社会发展的作用

国企改革既涉及理论问题，也涉及法律问题，还涉及政策问题。理论是基础，法律是保障，政策是推动。当下依赖政策推动的国企改革，要从理论上明确改革的真正内涵，并准确定位改革对经济社会发展转型应当发挥的作用。这是对国企改革成就及经济社会效应进行科学评价的逻辑前提。

（一）国有企业改革的政策内涵

国企改革既涉及社会主义基本经济制度的完善，也涉及国有资

产管理与国有经济布局结构调整以及国家安全与国计民生等重大问题。如何在新形势和新的发展阶段重新认识并正确理解这些重大问题，事关改革方向和改革的具体推进。

1. 社会主义基本经济制度的完善要求推进国企改革

社会主义基本经济制度的基本内涵是“坚持公有制的主体地位”。但是，随着生产资料货币化向资本化、金融化、证券化转变，公有制的内涵和实现形式发生了重大变化。公有制的实现形式不再单纯强调实物形态的生产资料公有，更注重价值形态的国有资本与非国有资本的资本混合而发展混合所有制经济和混合所有制企业。国企改革仍贯彻完善社会主义基本经济制度的思路，包括重要重大领域仍然要保留少数国有独资企业或独资公司、绝大多数国有企业都要改制为混合所有制企业、混合所有制企业以国有资本的相对控股和参股为主。除此以外，市场准入采用“产业负面清单”的模式。这意味着混合所有制改革不再是国企非主营业务向民资外资开放，国企垄断经营或完全控制经营的单一所有制领域也要向民资外资全面开放，民资外资可以自由进入。因此，除少数重大重要领域的国有企业仍然要以国有独资企业或独资公司的形式保留下来，其他国有企业都要发展为以国有资本的相对控股和参股为主的混合所有制企业，允许非公有资本控参股甚至绝对控股，以此改变国有股“一股独大”的局面，优化资本结构，提高资本的配置效率。

2. 国有资产管理与国有经济布局结构调整更多体现为对国有资本的管控

国资国企改革的深化要实现“管企业”向“管资本为主”的转变，这要求国资管理要把国有资本运营的部分权力转交给市场，进行行政管理职能与产权代表职能的分离。国资管理的两种不同职能分别由两个不同的主体行使，尤其是产权代表职能更应强调由市场化的主体来行使。在操作推进上应当坚持国有资产管理应从“管企业”转变为“管资本”，国有经济布局结构调整应转变为国有资本布局结构调整。

3. 国家安全与国计民生应更多地依赖国有资本支持支撑

随着所有制形式的丰富，国家安全对国有企业的依赖逐渐转变为对国有资本的依赖，更强调通过国有资本流动及国有资本的活力、影响力和控制力强化国有资本对国家安全的支持支撑。随着国内经济社会发展和国际消费结构、消费模式以及国际市场供给结构的变化，国计民生的供给模式不断创新发展，国计民生的内涵也在悄然发生变化。因此，也要强化国有资本对国计民生的支持支撑。

（二）国有企业改革对经济可持续增长的推动

从宏观的经济社会协调发展看，国企改革要统筹经济社会发展的双重目标，既要着眼于国有资本的经济目标实现保值增值，又要尊重国有资本的公共属性，使得国有资本的保值增值为国家战略目标、社会目标的实现提供保障。紧紧围绕经济社会的动态发展需求，始终按照深化经济体制改革的总体思路和要求，着眼于经济的可持续增长和经济社会的协调发展，更加积极主动地适应和引领经济发展新常态，推动经济社会全面协调可持续发展。

1. 提升国有企业的创新能力和国际市场竞争力

从微观运营层面看，国企改革的推进应当以促进生产力发展为标准，着眼于国有企业创新能力和国际市场竞争力的提升，定位于提高国有资本活力、影响力和控制力。一方面要发挥科技创新的驱动作用；另一方面，要通过混合所有制改革实现对既有国有资源的整合，打造具有国际竞争力的混合所有制企业集团或跨国公司。

2. 提高国有资本的流动性及经营效率

生产资料资本化、金融化和证券化条件下的国有经济结构调整表现为国有资本布局结构的优化。相较于国有资产保值增值，国有

资本的流动性更高更强。国有资本的流动是指国有资本依托市场化手段进行的跨区域、跨国别、跨领域、跨产业、跨行业的流动，以及在国有企业与非国有企业之间的流动。国有资本的流动性越强，越能契合市场发展的动态需求，国有资本的进退就更为灵活。为此，应当充分发挥国有资本的撬动和集聚效应，引导国有资本优化布局结构，吸引更多非国有资本参与供给侧改革，提高国有资本运营的效率和质量。

3. 推动全社会资源配置效率的不断提高

国企改革的推进应当以解放和发展生产力为标准，着眼于国有资本功能的放大，定位于推动全社会资源配置效率的不断提高。一方面要通过发展混合所有制经济和混合所有制企业，不断提高国有经济的活力，激发非公有制经济活力和创造力，促进各类资本活力的竞相迸发；另一方面，通过国有资产管理体制改革和国有资本授权经营体制的建立，以产权为基础、资本为纽带，按照市场经济的公平竞争规则，通过市场化运营实现国有资本的保值增值。

（三）国有企业改革对社会文明进步的促进

国企改革要兼顾经济体制、社会制度、国有企业自身制度和国资管理体制的长远安排，为经济的持续健康增长和社会的协调发展提供必要的支持。

1. 促进就业与收入更加公平

党的十八届三中全会提出，要实现发展成果更多更公平惠及全体人民，健全促进就业创业体制机制；要紧紧围绕更好保障和改善民生、促进社会公平正义，深化社会体制改革，改革收入分配制度，促进共同富裕。国有企业的社会属性要求国企改革着眼于促进就业公平与收入公平的实现，承担起保障民生、实现共同富裕的社会责任，为社会精神文明进步和经济社会的协调发展提供必要支持。

2. 推动市场公平竞争秩序的建立

从构建和谐有序的市场环境来看，国有企业改革要着眼于推动统一开放、竞争有序的市场体系的完善，使企业经营权得到更好落实，资本、生产经营和要素得以自由流动，消费者享有更多自主消费权，市场主体之间公平竞争机制得到完善。市场公平秩序的建立也意味着以往垄断经营领域的大型国企需要对民资外资实行更加彻底和充分的开放，清除市场壁垒，通过推进国有企业改革的深化，破除更多阻碍资本自由流动的要素，营造各市场主体公平竞争的日趋完善的市场秩序，创造更为和谐健康的市场环境。

3. 发挥国企高管遵守社会公共道德的示范效应

国企高管要着眼于通过严格的自我道德约束对良好社会道德风尚的形成起到示范作用。国企高管道德示范效应的发挥包括三个层面：第一个层面是做人道德，也是道德底线；第二个层面是社会公德，国企高管要在遵守社会公德方面做出比公众更高的自我要求；第三个层面是职业道德，如忠诚、服从、公仆意识等，通过道德标准的强化发挥促进社会文明进步的示范带动效应。

二、国有企业改革进展及经济社会效应评价指标

国企改革评价指标，应以国企改革的政策内涵为依据进行选择，量化到国企改革进展，设定国企改革的经济社会效应系列指标。

（一）评价维度设计

对本轮国企改革的评价应当立足本轮改革的政策内涵与实质，着眼于改革的经济社会目标。与之前国企改革不同，本轮国企改

革面临的形势更为严峻、问题更为复杂、目标更为高远。为此，应当把整个改革与国际、国内两个大局及经济“新常态”密切结合，从改革进展与已经推进的改革对经济社会发展与转型起到的作用两个层面，划分若干个维度，进行多视角、综合性的立体评价。

1. 国企改革的进展层面

本轮国企改革的核心和关键是推进混合所有制改革，与此密切相关的是以管资本为主推进国有资本授权经营体制改革，同时包括国有资本经营预算管理改革、企业国有资产基础管理、经营性国有资产集中统一监管、强化人大履行国有资产监督的职能等相关改革。对各项改革进展进行跟踪评价是整个评价体系的核心。此外，对公司治理改革的评价也是国资国企改革进展评价的重要内容。

2. 国企改革的经济社会效应层面

国企改革的推进应基于国有资本的功能定位和国企发展中的现实问题，着眼于国有资本经济社会效应的更好实现。国有资本的资本属性和公共属性决定了其功能不能单纯地定位于追求保值增值，而是在一些特定领域要以社会目标和战略目标为主。要看各项改革举措的实施对经济社会产生的影响是正面效应还是负面效应。通过对改革结果的评价，可以更好地分析改革措施与改革目标的对接程度，确保改革各项举措的落实对改革目标的实现是正面的推进作用，而非阻碍甚至倒推改革。

（二）衡量指标的具体选择

具体评价工作的开展需要依托不同维度下的具体指标（即衡量指标）得以实现。衡量指标的选取应充分确保指标信息可获得、可查询、可连续、可对比。

1. 国企改革法律、政策的制定和出台情况

国企改革法律、政策制定和出台进展评价包括五个评价标准：A. 很差；B. 较差；C. 一般；D. 较好；E. 很好[①]。

2. 混合所有制改革情况

本轮混合所有制改革宏观层面体现为发展混合所有制经济，微观层面体现为发展混合所有制企业，改革情况可从以下几个方面进行评价。

（1）市场准入负面清单改革情况

设计一个综合性的评价指标，即市场准入负面清单改革进展评价，包括五个评价标准：A. 改革方案正在酝酿或初步形成；B. 改革开始试点探索；C. 试点范围不断扩大但清单仍然较长；D. 全国统一标准但清单仍然较长；E. 全国统一标准且清单逐渐缩短。

（2）集团公司整体上市情况

评价指标为央企和省级大型国企主营业务资产整体上市进展情况，包括五个评价标准：A. 缓慢；B. 较慢；C. 一般；D. 较快；E. 很快[②]。

3. “两类公司”试点推进情况

从中央和地方两个层面，对授权公司和授权关系进行综合性跟踪评价，指标为“两类公司”（国有资本投资公司和运营公司，以下简称“两类公司”）授权试点进展评价，包括五个评价标准：

---

① 根据出台的国企改革政策文件内容进行划分：A（很差）表示象征性出台零散的改革文件；B（较差）表示已出台的政策文件体系分散，内容简单；C（一般）表示已出台系列政策文件，文件体系不完整，内容协调性不足；D（较好）表示已出台的政策文件体系完整，内容协调，对推进改革有指导意义；E（很好）表示已出台的政策文件体系完整，内容协调，“对症下药”有创新，对推进改革有引领作用，对其他地区有借鉴意义。

② 根据央企和省级大型国企主营业务资产整体上市的企业占比总体情况进行评价：A（缓慢）表示该比重在10%以下；B（较慢）表示该比重在10%—30%；C（一般）表示该比重在30%—50%；D（较快）表示该比重在50%—80%；E（很快）表示该比重在80%以上。

A. 改革方案初步形成但未开始落实；B. 改革开始试点但数量较少；C. 改革试点数量不断增加且有一定成效；D. 改革试点有突破性的成果；E. 改革由试点转向全面推进。

4. 国有企业管理改革情况

对国有企业管理改革的评价设计如下指标：

（1）建设规范董事会试点及引入外部独立董事制度进展评价，包括五个评价标准：A. 开始试点但范围较小；B. 试点范围不断扩大；C. 试点范围超过50%且董事会作用得到发挥；D. 试点范围超过80%且董事会和外部独立董事作用明显；E. 董事会制度和外部独立董事制度全面建立并发挥重要作用。

（2）推行职业经理人制度进展评价，包括五个评价标准：A. 开始聘用职业经理人但数量较少；B. 职业经理人聘用数量不断增加；C. 职业经理人数量超过50%且治理成效显现；D. 职业经理人数量超过80%且治理成效显著；E. 职业经理人聘用实现市场化且治理效果显著。

（3）实行管理层技术骨干股权激励和推进员工持股计划的进展评价，包括五个评价标准：A. 两项改革均进展缓慢且无明显成效；B. 至少有一项改革得到推进但效果一般；C. 至少有一项改革得到推进且取得一定效果；D. 两项改革都得到推进且取得一定效果；E. 两项改革稳步推进且效果明显。

5. 国有资产管理和监督改革情况

国企改革与国有资产的管理和监督改革密不可分，相互关联。对国有资产管理和监督改革进展进行评价是评价国企改革不可或缺的一部分。具体围绕以下几个方面开展：

（1）国有资本经营预算管理改革情况

通过以下指标反映国有资本经营预算改革情况：一是国有资本经营预算收入年度增幅；二是国有资本经营预算资本性支出占比；

三是国有资本经营预算编制细化程度。其中，国有资本经营预算编制的细化程度包括五个评价标准：A. 很差；B. 较差；C. 一般；D. 较好；E. 很好[①]。

（2）经营性国有资产集中统一监管情况

对经营性国有资产集中统一监管进展的评价，包括五个评价标准：A. 具体改革方案正在研究但未正式公布；B. 具体改革方案公布但落实进展缓慢；C. 集中统一监管范围明显扩大；D. 集中统一监管范围基本全覆盖；E. 集中统一监管范围全覆盖且实现制度化。

（3）企业国有资产基础管理改革进展情况

对企业国有资产基础管理改革进展的评价，包括五个评价标准：A. 沿用传统的基础管理制度；B. 沿用传统的基础管理制度并开始酝酿基础管理制度改革方案；C. 基础管理制度改革方案开始实施；D. 基础管理制度改革落实成效明显；E. 新型基础管理制度建立并全面落实。

（4）强化人大对国有资产监督职能的进展情况

对强化人民代表大会（以下简称人大）对国有资产监督职能进展的评价，包括五个评价标准：A. 人大监督缺失；B. 人大监督力度较小；C. 人大监督力度增强并取得一定成效；D. 人大监督效果显著并实现常态化；E. 人大监督国有资产制度全面建立且有效执行。

6. 国资、国企改革的经济效应评价

对于国资、国企改革推进所产生的经济社会效应的评价应当也是立体的、综合的评价，应当与国资、国企改革的经济目标相结

① 根据国有资本经营预算列示项目细化程度和反映的信息量进行评价：A（很差）表示列示项目粗糙无细化说明；B（较差）表示列示部分项目有细化说明；C（一般）表示大部分列示项目有细化说明但信息量不足；D（较好）表示列示项目基本都有细化说明且信息量大；E（很好）表示列示项目详细具体且信息量充足。

合，从宏观和微观两个层面展开。

从宏观上看，主要是评价国资、国企改革的推进对宏观经济发展产生的作用。具体评价指标包括：

第一，国资、国企改革的经济效应表现为国有企业对经济增长的贡献度，通过规模以上国有工业企业经济增加值占国内生产总值（GDP）的比重进行评价。该指标是反映规模以上国有工业企业对国民经济发展贡献程度的指标，等于"当年规模以上国有工业企业经济增加值÷当年 GDP 总额×100%。"该指标越大，说明国有企业对经济增长的贡献越大。

第二，通过全社会非公有经济固定资产投资占全社会固定资产投资的比重来衡量国资、国企改革是否真正激发了市场的活力。全社会非公有经济固定资产投资占全社会固定资产投资的比重=当年全社会非公有经济固定资产投资额÷当年全社会固定资产投资额×100%。

第三，对国企去产能改革的成效进行综合定性评价，可以设计五个评价标准：A. 认识到问题存在但没有实质性进展；B. 出台政策但进展缓慢、成效甚微；C. 政策持续发力且成效初显；D. 成效明显；E. 成效显著。

从微观上看，主要是分析改革对微观经济主体国有企业运营效率的总体提升情况。具体评价指标包括：

第一，反映国有企业效益情况的效益指标。效益指标主要包括营业总收入增长率、全国国有企业利润增长率、总资产报酬率、净资产收益率（ROE）、人均利润率等五项。其中，营业总收入增长率=（本年度营业总收入-上一年度营业总收入）÷上一年度营业总收入×100%；全国国有企业利润增长率=（本年度全国国有企业利润-上一年度全国国有企业利润）÷上一年度全国国有企业利润×100%；总资产报酬率=（利润总额+利息支出）÷平均资产总额×

100%；净资产收益率 = 净利润 ÷ 平均净资产 ×100%；人均利润率反映的是国有企业的劳动生产率状况，人均利润率 = 本年度利润总额 ÷ 本年度职工人数 ×100%。

第二，反映国有企业资产负债情况的资产负债指标。资产负债指标主要包括资产负债率、所有者权益总额增长率、资产总额增长率等三项。其中，资产负债率 = 负债总额 ÷ 资产总额 ×100%；所有者权益总额增长率 =（年末所有者权益 − 年初所有者权益）÷ 年初所有者权益 ×100%；资产总额增长率 =（年末资产总额 − 年初资产总额）÷ 年初资产总额 ×100%。

7. 国资、国企改革的社会效应评价

关注国资国企改革评价必须对其社会效应进行考察。对国资国企改革社会效应的评价应当与国资国企改革的战略目标和社会目标相结合，着眼于对社会转型的带动作用。具体从定量和定性两个角度进行指标设计。

从定量角度看，可用三个指标对国资国企改革的社会效应进行评价。这三个指标依次是：国有企业应交税金年度增幅、国有股权划转社保基金的年度增幅、国有资本经营预算收入划转一般公共预算的年度增幅。其中，国有企业应交税金年度增幅 =（本年度国有企业应交税金总额 − 上年度国有企业应交税金总额）÷ 上年度国有企业应交税金总额 ×100%

国有资本经营预算收入划转一般公共预算的比例是：当年的国有资本经营预算决算中国有资本经营预算调出资金（转移性支出）÷ 当年国有资本经营预算收入总额 ×100%

考虑到目前地方国有资本经营预算规模偏小且信息公开有限，数据无法获取，本指标设计主要以中央本级为参照。

从定性角度看，按照以下五个档次就社会不同层面对本年度国企改革进展及效果进行评价：A. 改革没有进展；B. 有改革方案但

基本未落实；C. 有改革方案且取得一定成果；D. 有改革方案且基本落实；E. 改革进展超出预期。

三、国有企业改革评价与国企改革指数

深化国企改革是一项系统性工程，需要持续跟进和评价，确保改革方向不偏、力度不减，取得实实在在的成效。依托科学客观的国有企业改革进展及经济社会效应指标体系，通过分类打分法等技术手段，对本轮深化国企改革的进展及经济社会效应进行定性和定量评价；再进一步，通过设计中国财政科学研究院国企改革指数对本轮深化国有企业改革进展及经济社会效应进行动态跟踪评价。

（一）国有企业改革进展及经济社会效应的定量评价

定量评价的基础是定量评价指标的确定和指标数据的获取。评价指标的确定和指标数据的获取是相互影响，交互进行的。在确定评价指标时必须要求指标数据可以连续获取，指标数据的获取在指标确定之后需深入挖掘。在指标确定和数据获取之后，通过对指标数据进行分析，得到科学客观的定量评价结果。

1. 评价指标体系的确定

国企改革涉及多个方面，综合考虑国企改革进展涉及的制度建设、企业改革、公司治理、国资管理与监督、经济社会效应等多方面因素，初步构建了改革和效应两个层面、7 个维度、28 个指标组成的多视角，立体化备选评价指标。

为确保评价指标的科学性，通过“德尔菲法”对国企改革进展及经济社会效应的备选评价指标进行专家问卷调查。按照“德尔菲法”的步骤，分别向国资国企改革、财经领域、具体管

理部门等30名专家发放问卷，并进行问卷收回与统计，向专家反馈调查结果，接着进行下一轮的问卷调查。对30名专家进行3轮调查，并对最后一轮的调查结果进行统计后，最终确定评价指标体系的构成。经过“德尔菲法”的流程，由两个层次、7个维度、22个指标构成的国企改革进展及经济社会效应评价指标体系最终确定（如表1所示）。

2. 评价指标权重确定与数据获取

经确定的22个评价指标对于国企改革进展及经济社会效应的评价作用各不相同，为了体现各个评价指标在评价体系中的作用地位以及重要程度，采用应用范围较广且可信度较大的层析分析法（AHP）确定各个指标的权重。各个维度和各个指标所赋权重如表1所示。

国企改革进展及经济社会效应评价的定性指标，通过专家问卷打分的方式获取数据。定量指标主要通过查询财政部，国家发展改革委，国家统计局，各省、自治区、直辖市财政部门、发展改革部门、国资部门、统计部门以及大型国有企业官方网站获取相关数据。参考数据的公开出版资料主要有国家统计局编写的《中国统计年鉴》、财政部资产管理司编写的《企业财务报告数据摘要》等。

3. 国有企业改革进展及经济社会效应的定量分析

在22个国企改革进展及经济社会效应的评价指标中包括13个定性指标和9个定量指标，通过对这些指标进行整理统计，并按照科学的标准打分，可以从两个层面对国企改革进展及经济社会效应进行定量评价。

（1）依托定量指标进行的定量分析

国企改革及经济社会效应的9个定量指标可以给出具体的定量数值，可以作为定量分析的基础。主要的分析方法就是趋势分析和

表 1　国有企业改革进展及经济社会效应评价指标体系

评价维度		权重（W_1）	评价指标	指标性质	权重（W_2）	调查结果	评价得分（R）	综合得分（$T = R \cdot W_1 \cdot W_2$）
国企改革进展	1. 国企改革法律政策的制定及出台情况	13%	1.1 法律法规政策制定和出台进展评价	定性	100%			
	2. 混合所有制改革情况	13%	2.1 市场准入负面清单改革进展评价	定性	50%			
			2.2 企业主营业务资产整体上市进展评价	定性	50%			
	3. “两类公司”试点推进情况	13%	3.1 “两类公司”授权试点进展评价	定性	100%			
	4. 国有企业管理改革情况	11%	4.1 建设规范董事会试点及引入外部独立董事制度进展评价	定性	35%			
			4.2 推行职业经理人制度进展评价	定性	35%			
			4.3 实行管理层技术骨干股权激励和员工持股计划进展评价	定性	30%			
	5. 国有资产管理和监督改革情况	10%	5.1 国有资本经营预算收入年度增幅	定量	25%			
			5.2 国有资本经营预算编制细化程度	定性	10%			
			5.3 经营性国有资产集中统一监管进展评价	定性	10%			
			5.4 企业国有资产基础管理改革进展评价	定性	30%			
			5.5 强化人大对国有资产监督职能的进展评价	定性	25%			

续表

评价维度		权重（W_1）	评价指标	指标性质	权重（W_2）	调查结果	评价得分（R）	综合得分（$T = R \cdot W_1 \cdot W_2$）
经济社会效应	6. 经济效应	25%	6.1 全社会非公有经济固定资产投资占全社会固定资产投资的比重	定量	15%			
			6.2 国有企业去产能改革的经济成效评价	定性	15%			
			6.3 国有企业利润增长率	定量	13%			
			6.4 国有企业净资产收益率（ROE）	定量	14%			
			6.5 国有企业资产负债率	定量	15%			
			6.6 国有企业所有者权益总额增长率	定量	15%			
			6.7 国有企业资产总额增长率	定量	13%			
	7. 社会效应	15%	7.1 国有企业应交税金年度增幅	定量	30%			
			7.2 国有资本经营预算收入划转一般公共预算比例	定量	30%			
			7.3 国有企业改革进展效果评价	定性	40%			
评价结果		100%	—		—		100%	

对比分析，也就是将某一定量指标连续几年的数值制成图表，反映该指标的变化趋势，进行前后对比。

（2）综合定性指标和定量指标的定量分析

定性指标经过分析处理之后也可以进行定量分析。通过分类打分法可以将定性指标和定量指标都以量化形式呈现进行综合分析；分类打分法采取“定性指标分档打分”和“定量指标对比打分”相结合的方法，对国企改革进展及经济社会效应的22个评价指标按照百分制打分。

首先，对于13个定性指标按照A、B、C、D、E五档分别赋予分值，A为20分，B为40分，C为60分，D为80分，E为100分。根据某个定性指标的调查结果得到相应的分值。

其次，对于9个定量指标采用对比打分法，反映国企改革进展及经济社会效应的变化。其中，对于国有资本经营预算收入年度增幅等8个定量指标打分时，以其2010年至2014年的5年平均值为参照（参照值赋分为60分），根据当年值与参照值的增减变化进行打分。具体如表2和表3所示。

表2　定量指标对比法打分对照

指标序号与名称	当年得分	含义：当数值增（减）1%时，得分增（减）
5.1 国有资本经营预算收入年度增幅	60 +（当年值 - 参照值）×100 ×2	2分
6.1 全社会非公有经济固定资产投资占全社会固定资产投资的比重	60 +（当年值 - 参照值）×100 ×5	5分
6.3 国有企业利润增长率	60 +（当年值 - 参照值）×100 ×2	2分
6.4 国有企业净资产收益率（ROE）	60 +（当年值 - 参照值）×100 ×5	5分
6.5 国有企业资产负债率	60 -（当年值 - 参照值）×100 ×5	-5分
6.6 国有企业所有者权益总额增长率	60 +（当年值 - 参照值）×100 ×2	2分
6.7 国有企业资产总额增长率	60 +（当年值 - 参照值）×100 ×2	2分
7.1 国有企业应交税金年度增幅	60 +（当年值 - 参照值）×100 ×3	3分

表 3　各类定量指标的参照值

序号	指标	2010 年	2011 年	2012 年	2013 年	2014 年	平均值（参照值）
1	5.1 国有资本经营预算收入年度增幅	—	36.93%	26.90%	9%	33.30%	26.53%
2	6.1 全社会非公有经济固定资产投资占全社会固定资产投资的比重	62.91%	70.23%	71.12%	72.40%	72.62%	69.86%
3	6.3 国有企业利润增长率	37.30%	15.10%	-1.60%	5.30%	3.40%	11.90%
4	6.4 国有企业净资产收益率（ROE）	7.5%	7.2%	6%	5.3%	4.9%	6.18%
5	6.5 国有企业资产负债率	63.4%	64%	64.3%	64.5%	64.7%	64.18%
6	6.6 国有企业所有者权益总额增长率	17.8%	16.6%	17.1%	15.7%	13.2%	16.08%
7	6.7 国有企业资产总额增长率	19.8%	18.6%	17.9%	16.3%	13.8%	17.28%
8	7.1 国有企业应交税金年度增幅	—	—	5.8%	7.5%	5.5%	6.27%

资料来源：根据财政部历年决算报告、统计年鉴、《企业财务报告数据摘要（2011—2015）》等计算。

在表 2 和表 3 中，对国有资本经营预算收入划转一般公共预算比例的评价应当结合党的十八届三中全会提出的“完善国有资本经营预算制度，提高国有资本收益上缴公共财政比例，2020 年提到 30%，更多用于保障和改善民生”，以 30% 作为 100 分。以 2013 年中央本级国有资本经营预算为参照，根据《关于 2013 年中央和地方预算执行情况与 2014 年中央和地方预算草案的报告》，2013 年中央国有资本经营收入 1 058.27 亿元，为预算的 104.7%，增长 9%。加上 2012 年结转收入 71.95 亿元，收入总量为 1 130.22 亿元。其中，调入一般公共预算用于社会保障等民生支出 65 亿元，占当年国有资本经营预算收入总额的 5.75%。若以 5% 作为基数，基分为 20 分，则每增长 1 个百分点可以加 3.2 分，即每增加 0.01 个百分点可以加 0.032 分。

再次，根据表 1 列示的权重，对每个指标的得分进行加权计算，得到一个综合得分。对 22 个综合得分进行加总，得到本年度国企改革进展及经济社会效应评价的总得分。

最后，对每个指标综合得分进行趋势分析和对比分析，对年度国企改革进展及经济社会效应评价的总得分进行趋势分析和对比分析，进而实现综合定量指标和定性指标的定量分析。

（二）国有企业改革进展及经济社会效应的定性评价

定性评价相对于定量评价更能从宏观上反映和把握深化国企改革所处的阶段，有利于对改革趋势和力度进行掌控。对于定性评价主要从四个方面进行考量。

1. 社会各界对深化国有企业改革政策文件出台的反响

本轮深化国企改革突出的特色就是注重顶层设计。这是因为本轮深化国企改革所面临的经济社会环境和改革任务与上一轮国企改革有着极大的不同，经济社会环境更为复杂，矛盾更为激烈，触及的多是“硬骨头”，改革任务十分艰巨。因而，本轮深化国企改革对顶层设计提出更高的要求，需要构建科学合理、覆盖全面、协调有效的政策文件体系，全面深化对国有企业的改革。

通过考察中央和省级地方政府出台的推进国企改革的政策文件，对其体系、内容等进行全面了解并结合各方的反响和观点，对此做出定性评价。

2. 不同层面深化国企改革的意愿情况

深化国企改革涉及政府与企业、地方与中央、政府与社会、企业与社会等不同层面的利益关系。基于各自的利益考量，不同层面对深化国企改革的意愿不尽相同，而深化国企改革需要各方协调发力、相互配合、共同推进，缺少任意一方，尤其是中央政府、地方政府、国有企业三方如果不能形成高度共识并全力推进，国企改革的深化将十分困难。

通过考察不同层面对本轮深化国企改革的推进意愿和力度，可判断国企改革的进展情况，并给出定性评价。

3. 深化国企改革相关政策文件的落实情况

深化国有企业改革既不是说出来的，也不能只停留在政策制定层面，关键要落到实处。相关政策文件的出台相当于给深化国企改革画好了一副“设计图”，而如何将“设计图”转变成“高楼大厦”就需要相关各方认真落实，切实发挥主观能动性，想干事、干成事。政策文件制定得再完美，在实践中却围着文件转，绕着政策转，终归只是深化国企改革的看客，改革也不会取得各界期望的成果。

对相关政策文件出台后的落实情况进行跟踪调查和评估，有利于对深化国企改革取得的实际成果给出客观实际的定性评价。

4. 深化国企改革对经济转型和社会文明进步的影响

国有企业和以国有企业为主体的公有制经济长期以来在我国经济发展和社会进步中占据了重要的地位，也发挥了重要的作用。深化国企改革必然会对经济转型和社会文明进步产生重大影响。

考察本轮深化国企改革进展对社会转型产生的影响判断其积极作用是否得以发挥，对深化国企改革产生的社会影响进行多角度的分析，可判断其带来的“外部性”状况，以便在此基础上对深化国企改革对经济转型和社会文明进步的影响做出定性评价。

（三）国有企业改革指数

深化国企改革是一个长期性的工作，要分阶段逐步实现。基于此，设计并制定具有特色、评判科学的中国财政科学研究院国企改革指数，对本轮国企改革进展及经济社会效应进行动态跟踪和评价。

1. 国有企业改革指数的名称

中文全称：中国财政科学研究院国企改革指数。

中文简称：财科院国企改革指数。

英文全称：Chinese Academy of Fiscal Sciences State-Owned Enterprises Reform Index。

英文简称：CAFS SSEs① Reform Index（CSRI）。

简写代码：$CSRI_i$（i 表示年度，如 2015 年财科院国企改革指数用 $CSRI_{2015}$ 表示）。

2. 指数基准日及基点

基于 CSRI 主要以动态跟踪评价本轮深化国有企业改革及经济社会效应为目的，设定该指数基本参数如下：

指数基日：2015 年 12 月 31 日。

指数基点：100 点。

3. 指数计算与调整

CSRI 是一个综合评价指数，不同于当前已有的中证国有企业改革指数等股票交易指数，它反映的是本轮深化国有企业改革的进展及其对经济社会的效应状况。因此，在指数的计算方法上有很大区别。

（1）CSRI 的计算

如前所述，依托国有企业改革进展及经济社会效应评价指标体系和分类打分法，可以计算出某一年度国有企业改革进展及经济社会效应的总得分（T）。

以 2015 年国有企业改革进展及经济社会效应评价的总得分 T_{2015} 为基础，设定 $CSRI_{2015}$ 为 100 点（基点）。在得到以后各年度的国有企业改革进展及经济社会效应评价总得分 T_i 后，与基期的总得分

① SSEs，State Sponsored Enterprises 的缩写，进一步强化“国家出资企业”的内涵。

T_{2015}相比较，计算出以后各年度的 CSRI 数值。

计算公式为：

$$\frac{CSRI_i}{CSRI_{2015}} = \frac{T_i}{T_{2015}}$$

以 $CSRI_{2016}$ 的计算为例，以 $CSRI_{2015}$ 为 100 点（基点），除以 2015 年国有企业改革进展及经济社会效应评价的总得分 T_{2015}，再乘以 2016 年国有企业改革进展及经济社会效应评价的总得分 T_{2016}，便得到 2016 年中国财政科学研究院国企改革指数 $CSRI_{2016}$，具体公式如下：

$$CSRI_{2016} = \frac{T_{2016}}{T_{2015}} \times CSRI_{2015}$$

（2）CSRI 数值的调整

CSRI 数值的计算总体保持稳定，以保证动态跟踪评价的连续性和可比性。当出现影响范围极其重大的国有企业改革事项后，将组织专家对国企改革进展及经济社会效应评价指标体系和权重进行调整论证。如果确有必要，将对国有企业改革进展及经济社会效应评价指标的构成、权重、打分方法进行微调，总体上还是要保持稳定。CSRI 的计算方法保持不变。

分　论

中国 2015 年国有企业改革评价及国企改革指数

随着本轮国企改革政策内涵的明确与顶层设计的完成，国企改革的各类政策性文件在 2015 年密集出台。与此相适应，本轮国企改革也进入实际推进和具体操作阶段。对 2015 年度国企改革进展及经济社会效应进行定量评价的综合加权得分为 47.96 分，改革整体进展较慢。

一、2015 年国企改革定性评价

（一）深化国企改革的政策文件体系基本形成

本轮深化国企改革的政策文件以 2013 年党的十八届三中全会《关于全面深化改革若干重大问题的决定》（以下简称《决定》）为起始。2014 年被认为是国企改革的准备年，2015 年，以中共中央和国务院联合出台的《关于深化国企改革的指导意见》为开端，国企改革各类政策文件密集出台。中央层面国企改革“1 + N”的政策文件初步形成体系，大多数省市也相应出台了国企改革实施意见。可以说，本轮深化国企改革的指导性文件体系基本形成。这一点各界的观点基本一致。

（二）不同层面对推进深化国企改革意愿差别较大

从中央与地方层面看，中央对于推进深化国企改革的意愿大于地方。中共中央、国务院联合出台了指导意见作为顶层设计方案，国务院国资委、国家发展改革委、财政部等部委也陆续出台了系列配套政策文件。但从地方层面看，地方发挥主观能动性远远不够，大刀阔斧进行改革的意愿不强，在制定相关政策和改革举措中“避险”情绪高于改革热情，对中央亦步亦趋，对改革试点和顶层设计已经产生了较重的依赖思想，总体上看，“中央雷声大、地方雨点小”。

从政府与企业层面看，政府对于推进深化国企改革的意愿远远大于企业的意愿。从目前的政策出台到具体实施，各级政府是深化改革的主力和推动者，而国有企业的改革意愿明显较弱，被动接受改革。“改革文件是政府拟定的，试点也是政府发起的，而这种由政府主导的改革就是不放权，企业缺乏改革动力，改革表面上是速度问题，实质上则是改革主体的错位问题。”国有企业应该是改革的主体，政府出政策，企业抓落实的局面没有形成。企业作为一个市场化的主体，相比于政府应该更能捕捉信息、优化配置，但在本轮国企改革中相关企业主动性较差，没有超前思考、超前实施的作为，缺乏主动改革的热情。

从国有企业内部来看，不同层面对国企改革的评价各不相同。就本轮改革的核心混合所有制改革尤其是央企的混合所有制改革而言，央企经营者由于担心在“混改”的过程中涉嫌“利益输送”而承担“国有资产流失”责任，或者担心改革不彻底而流于形式，往往趋于保守，改革积极性不高，存在一定的畏难情绪，既不愿意进行改革试点，也不愿意花大力气推动改革，步伐更显谨慎。多数中

间层负责人虽对央企混改带来的长远利益怀有期待，却更担心央企混改后公平开放的市场机制的引入会加剧竞争压力，对改革存有一定顾虑而犹豫观望。央企基层或一线员工更多从自身利益出发，担心混改会打破央企长年以来的“铁饭碗”而不愿改，这无疑在思想认识上增加了改革推进的难度。

（三）深化国企改革的政策落实与各界期望存在较大差距

深化国企改革需要落到实处。目前，社会各界普遍认为本轮深化国企改革的进展缓慢，改革落实与政策文件规定有很大差距。虽然相关试点工作全面展开，但对于一些改革的“硬骨头”没有实质性涉及，中央和地方普遍存在“围绕文件原地打转”的现象。

中央第十四巡视组向国资委党委反馈专项巡视情况中明确给出了“落实中央决策部署不够到位，推进国资国企改革进度较缓，改革系统性、针对性、时效性不够强”的评价。专家学者、社会舆论各方面普遍认为深化国企改革进展较慢，尤其是一些改革“硬骨头”，如国有资本直接授权两类公司、混合所有制改革、混合所有制企业员工持股试点等并未实质性推进。

（四）深化国企改革尚未发挥出对经济转型和社会文明进步应有的影响

当前我国处于经济社会转型发展的攻坚阶段，经济下行压力依然存在，经济结构调整和转型升级任务重大。庞大的国有资产和国有企业作为我国特有的基本国情，应该在稳定经济增长和推动经济社会转型发展中发挥积极作用。但由于国企改革进展缓慢，而以国有企业为主的公有制经济体量庞大，其如果不能成为经济增长和经济转型的推动力，就会成为全面深化改革、实现经济稳定增长和转型发展的障碍，乃至拖累。

深化国企改革产生的劳动生产率提高、创新能力提升等对社会文明进步都有重要的引导作用。深化国企改革、提高国有资本收益，对提高社会保障水平具有重要作用。从当前的改革效果看，国有资本经营预算收入划转一般公共预算的比例得到提高，国有股权向社保基金划转的力度有所加大，这对于社会保障水平的提高具有积极的效应。同时，连续出现的国企腐败大案要案、国企高管频繁离职问题成为社会文明进步的倒推力。

二、国企改革的定量评价

（一）国企改革进展评价

1. 国企改革法律政策的制定及出台情况较好

2015 年 8 月 24 日，《中共中央、国务院关于深化国有企业改革的指导意见》（中发〔2015〕22 号，以下简称《指导意见》），明确了深化国企改革的指导思想、基本原则、目标任务和重要举措，这是指导国企改革的纲领性文件，具有重要的里程碑意义。同时，以《指导意见》为引领、以若干文件为配套的“1 + N”政策体系确立。《指导意见》被称为本轮深化国企改革的“1 号文件”。随着该指导意见的出台，中央层面和地方层面都集中制定和出台了一系列对深化国企改革具有指导性意义的政策、方案和文件。从中央层面看，主要是搭建“1 + N”政策文件体系，截至 2015 年末，已经制定出台了 9 个专项改革意见或方案，还有 10 个文件进入最后阶段。从地方层面看，各地紧密结合本地实际，认真研究制定具体政策措施和实施方案，各项改革工作有序推进。

综合来看，已出台的政策文件体系完整，内容协调，对推进改革有指导意义，“法律法规政策制定和出台进展评价”指标应评价为 D（较好），相应的评价得分为 80 分。

2015 年中央和国务院及相关部门制定出台的国资国企改革主要文件如表 1 所示。

表 1　2015 年中央和国务院及相关部门制定出台的国资国企改革主要文件

序号	文件名称	文号或发文部门	发文时间
1	《关于进一步深化电力体制改革的若干意见》	中发〔2015〕9 号	2015 年 3 月 15 日
2	《国务院批转发展改革委关于 2015 年深化经济体制改革重点工作意见的通知》	国发〔2015〕26 号	2015 年 5 月 8 日
3	《关于在深化国有企业改革中坚持党的领导加强党的建设的若干意见》	中央全面深化改革领导小组第十三次会议审议通过	2015 年 6 月 5 日
4	《中共中央、国务院关于深化国有企业改革的指导意见》	中发〔2015〕22 号	2015 年 8 月 24 日
5	《关于在深化国有企业改革中坚持党的领导加强党的建设的若干意见》	中共中央办公厅	2015 年 9 月 20 日
6	《关于国有企业发展混合所有制经济的意见》	国发〔2015〕54 号	2015 年 9 月 23 日
7	《关于加强和改进企业国有资产监督防止国有资产流失的意见》	国办发〔2015〕79 号	2015 年 10 月 13 日
8	《关于改革和完善国有资产管理体制的若干意见》	国发〔2015〕63 号	2015 年 10 月 25 日
9	《关于鼓励和规范国有企业投资项目引入非国有资本的指导意见》	国家发展改革委、财政部、人社部、国务院国资委联合发文	2015 年 10 月 26 日
10	《关于国有企业功能界定与分类的指导意见》	经国务院同意，国务院国资委、财政部、国家发展改革委联合印发	2015 年 12 月 7 日

2. 混合所有制改革推进举步维艰

一方面，市场准入负面清单制度开始试点探索。2015 年 10 月 19 日，国务院出台关于实行市场准入负面清单制度的意见，对推进国有企业混合所有制改革具有积极的推动作用，但 2015 年至 2017 年只是在部分地区试行，范围较小、清单较长。因此，“市场准入负面清单改革进展评价”指标应评价为 B（改革开始试点探索），相应的评价得分为 40 分。

另一方面，企业主营业务资产整体上市进展缓慢。整体上市是国有企业股份制改造和推进混合所有制改革的重要方向。截至 2015 年末，央企主营业务资产整体上市的共有 35 家，占比不大。地方层面，对于国有企业主营业务资产整体上市的改革较慢，只有少数省市提出具体目标并实施改革。例如，上海市明确提出了“整体上市或核心资产上市企业占竞争类国企产业集团总数三分之二”的改革目标，预计“十三五”末，上海整体上市企业将占竞争类企业总量 50% 以上。综合全国情况，该比重 2015 年处于 10% 至 30% 之间，“企业主营业务资产整体上市进展评价”指标应评价为 B（较慢），相应的评价得分为 40 分。

3. “两类公司”试点稳步推进但形式大于实质

推进国有资本投资公司和运营公司试点是改革国有资本授权经营体制最重要的举措，是本轮深化国资国企改革的重要内容，受到多方关注和期待。但是，从 2015 年“两类公司”试点情况看，改革虽然已经开始试点，但是数量少、进展慢。继 2014 年国资委宣布把中粮集团、国投集团作为改组国有资本投资公司试点后，2015 年并没有增加试点，只是在 2014 年基础上的继续推进。但是，改组后的国有资本投资公司只是改变了形式，授权关系、授权范围及制度建设依然没有实质性改变。2015 年，中央层面的国有资本运营公司试点没有推进。从地方层面来看，山东省率先

启动组建国有资本投资公司和运营公司试点，首批试点组建鲁信集团和山东省国有资产投资控股公司。2015 年末，北京市国有资本经营管理中心合并，总资产达到 1.8 万亿元，受托管理资产超过 3 000 亿元，成为我国超大型国有资产管理机构。上海市已成立了上海国盛集团、上海国际集团两大国资流动平台。截至 2015 年 6 月末，国盛集团总资产近 400 亿元，净资产 240 亿元。2013 年后，重庆市对重庆渝富集团推进了国有资本运营公司试点，渝富集团的功能逐步转向股权管理、流动增值和优化布局。2015 年，渝富集团先后推动京东方、西南证券等股权通过资本市场流转，实现运营收益近 120 亿元。综合分析，"'两类公司'授权试点进展评价"指标应评价为 B（改革开始试点但数量较少），相应的评价得分为 40 分。

4. 国有企业管理改革稳步推进

2015 年，国有企业管理改革的进展要优于混合所有制改革和"两类公司"授权经营体制改革。一个重要的原因是国有企业管理改革推进的时间较长，无论是上一轮国企改革还是本轮国企改革都有涉及。

一是从建设规范董事会试点及引入外部独立董事制度的情况看，试点范围不断扩大。中央层面，2015 年国家电力投资集团公司、中国中车集团公司等纳入建设规范董事会试点企业范围，截至 2015 年末，纳入建设规范董事会试点范围的央企达到 85 家，占比提升。但是，地方国有企业层面，推进规范董事会制度建设的力度较小，尤其是引入外部独立董事，发挥董事会的作用远远不够。因此，"建设规范董事会试点及引入外部独立董事制度进展评价"指标应评价为 B（试点范围不断扩大），相应的评价得分为 40 分。

二是从职业经理人制度改革的情况看，开始聘用职业经理人但数量较少。建立职业经理人选聘制度对于提高国有企业的经营效率，摆脱行政化的经营模式具有重要作用。目前，央企和地方国有企业都开始探索职业经理人选聘制度，但受困于现有的人事、薪酬体制，进展缓慢。目前，仅有部分省市稳步推进且取得一定进展成果。例如，广东省实现了省属企业新选任经理班子成员的任期制和聘任制，并在产权交易集团试点了整个经理班子的市场化选聘；山东省建立职业经理人人才库，制定人才库管理办法，开发建设了人才库信息管理系统；四川省将监管企业的现有经理层成员全部转为职业经理人身份；重庆将市属国有重点企业工资总额管理权限全面下放，并规定市场化选聘的高级职业经理人薪酬不受工资总额限制等。因此，“推行职业经理人制度进展评价”指标应评价为 A（开始聘用职业经理人但数量较少），相应的评价得分为 20 分。

三是从管理层技术骨干股权激励和员工持股计划推进的情况看，至少有一项改革得到推进但效果一般。管理层技术骨干股权激励和员工持股计划都属于解决委托代理问题和激励企业职工的手段，只是针对不同的群体采取不同的方法。一般来说，两项改革会同时推进，但国企改革中对管理层技术骨干股权激励的推进要快于对员工持股计划的推进。2015 年，中央和地方，不同国有企业至少推进了两项改革的一项，但是激励制度的设计还不完善，激励效果还未显现。因此，“实行管理层技术骨干股权激励和员工持股计划进展评价”应评价为 B，相应的评价得分为 40 分。

5. 国有资产管理和监督改革纳入日程但进展有限

国有资产管理和监督的改革与深化国企改革密不可分。国企改革“1 号文件”（中发〔2015〕22 号）下发一个月后，2015 年 10 月国务院连续出台了《关于加强和改进企业国有资产监督防止国有

资产流失的意见》和《关于改革和完善国有资产管理体制的若干意见》两个配套意见，为国企改革中国有资产的保值增值和安全完整保驾护航。

一是从国有资本经营预算收入看，我国国有资本经营预算规模还较小，难以充分发挥其作用。2015 年，中央国有资本经营预算收入为 1 613.06 亿元，年度增幅为 14.33%。年度增幅比参照值（26.53%）降低了 12.2 个百分点，按照对比打分法，相应在 60 分的基础上降低 24.4 分。因此，“国有资本经营预算收入年度增幅”指标评价得分为 35.6 分。

二是从国有资本经营预算编制详细程度看，大部分列示项目有细化说明但信息量不足。2015 年全国财政预算中的国有资本经营预算表和全国财政决算中的国有资本经营预算决算表在一级项目下基本都有细化的二级项目，对国有资本经营预算收入和支出进行了较为明确的列示。但是，只到二级项目的列示还是不能充分反映国有资本经营预算的收支具体事项，没有提供充足的信息。因此，“国有资本经营预算编制细化程度”指标应评价为 C（一般），相应的评价得分为 60 分。

三是从经营性国有资产集中统一监管看，进展缓慢。中央层面，推进经营性国有资产集中统一监管的方案正在研究制定，尚未正式形成并公布实施；地方层面，各地积极探索，改革力度强于中央层面，如湖北省以立法形式保障经营性国有资产集中统一监管；山东省将原属于 50 个省直部门的 465 户企业一次性划转国资委，规模较大；深圳市、上海市将文化类经营性国有资产和金融类经营性国有资产纳入集中统一监管范围。综合中央和地方的推进情况和经营性国有资产的比重，“经营性国有资产集中统一监管进展评价”指标应评价为 A，相应的评价得分为 20 分。

四是从企业国有资产基础管理改革看，依然沿用传统基础管理制度，但开始研究探索新型企业基础管理制度。企业基础管理制度是国有企业自主经营和国有资产流失风险防范的“平衡木”。传统的企业国有资产基础管理是在“管人管事管资产”模式下的工作方式，而在“管资本”模式下必须建立以产权为核心的全面、动态的基础管理制度。2015 年，中央层面在企业国有资产基础管理制度改革中进行了相关研究和探讨，但正式的具体改革意见没有出台。因此，“企业国有资产基础管理制度改革进展评价”指标应评价为 B，相应的评价得分为 40 分。

五是从强化人大对国有资产监督职能的履行上看，各级人大及其常务委员会对国有资产的监督依然较弱，监督力度较小。加强人大对国有资产的监督是党的十八届三中全会决定中明确提出的要求。长期以来，各级人大对国有资产监督不到位。中央层面，2015 年全国人大及其常务委员会对国有资产的监督还是依赖于对国有资本经营预算的审批和执法检查、专题调研等手段。地方层面，一些省、市、县人大及其常务委员会做出了积极探索，如四川省巴中市通江县 2015 年 12 月通过了《通江县人大常委会国有资产管理工作监督办法》；内蒙古人大常委会 2015 年 11 月对国有资产监督管理情况进行了专题询问等。总体来看，各级人大对国有资产监督的力度有所加强但依然不足，监督手段单一。因此，“强化人大对国有资产监督职能的进展评价”指标应评价为 B，相应的评价得分为 40 分。

（二）国企改革经济社会效应评价

1. 国企改革的经济效应

对 2015 年国企改革的经济效应主要是通过定量指标来进行评价，具体来说：

第一，2015 年全社会固定资产投资额为 561 999.8 亿元，其中非公有经济固定资产投资额 406 840.7 亿元，全社会非公有经济固定资产投资占全社会固定资产投资的比重为 72.39%，比参照值（69.86%）高 2.53 个百分点，按照对比打分法，评价得分应增加 12.65 分。因此，“全社会非公有经济固定资产投资占全社会固定资产投资的比重”指标的评价得分为 72.65 分。

第二，国有企业去产能进展缓慢，相关政策出台较多，但实际落实不力，成效甚微。因此，“国有企业去产能改革的经济成效评价”指标应评价为 B，相应的评价得分为 40 分。

第三，2015 年全国国有企业实现利润 24 970.4 亿元，年度增幅为 -5.6%，比参照值（11.9%）低 17.5 个百分点，按照对比打分法，评价得分应减少 35 分。因此，“国有企业利润增长率”指标的评价得分为 25 分。

第四，2015 年全国国有企业的净资产收益率为 4.0%，比参照值（6.18%）降低了 2.18 个百分点，按照对比打分法，应减少 10.9 分。因此，“国有企业净资产收益率（ROE）”指标的评价得分为 49.1 分。

第五，2015 年全国国有企业平均资产负债率为 65.7%，比参照值（64.18%）提高 1.52 个百分点，按照对比打分法，评价得分应该减少 7.6 分。因此，“国有企业资产负债率”指标的评价得分为 52.4 分。

第六，2015 年全国国有企业所有者权益总额增长率为 15.2%，比参照值（16.08%）降低了 0.88 个百分点，按照对比打分法，评价得分应减少 1.76 分。因此，“国有企业所有者权益总额增长率”的评价得分为 58.24 分。

第七，2015 年全国国有企业资产总额增长率为 18.7%，比参照值（17.28%）增加 1.42 个百分点，按照对比打分法，评价得分应增加 2.84 分。因此，“国有企业资产总额增长率”指标的评价得分为 62.84 分。

2. 国企改革的社会效应

一是 2015 年全国国有企业应交税金 41 367.7 亿元，年度增幅为 2.8%，比参照值（6.27%）低 3.47 个百分点，按照对比打分法，评价得分应降低 10.41 分。因此，“国有企业应交税金年度增幅”的评价得分为 49.59 分。

二是 2015 年中央国有资本经营预算收入 1 613.06 亿元，加上 2014 年结转收入 143.98 亿元，收入总额为 1 757.04 亿元，划转一般公共预算用于保障改善民生支出 230 亿元，划转比例为 13.09%，与 2020 年达到 30% 的目标相差 16.91%，比基数 5% 提高了 8.09 个百分点。按照对比打分法，评价得分应在 20 分的基础上增加 25.89 分，因此“国有资本经营预算收入划转一般公共预算的比例”指标的评价得分为 45.89 分。

三是对 2015 年国有企业改革进展效果的评价来说，改革政策文件体系基本建立，但在改革中“啃硬骨头”推进得少，改革落实不到位，改革对经济转型和社会文明进步的作用发挥非常有限。因此，“国有企业的改革进展效果的评价”指标的评价应为 B（有改革方案但基本未落实），相应的评价得分为 40 分。

综上所述，如表 2 所示，2015 年度国企改革进展及经济社会效应的定量评价综合加权得分为 47.96 分，改革整体进展较慢。

表 2　2015 年国有企业改革进展及经济社会效应评价指标体系

评价维度		权重（W_1）	评价指标	指标性质	权重（W_2）	评价结果	评价得分（R）	综合得分（$T = R \cdot W_1 \cdot W_2$）
国企改革进展	1. 国企改革法律政策的制定及出台情况	13%	1.1 法律法规政策制定和出台进展评价	定性	100%	D	80 分	10.40
	2. 混合所有制改革情况	13%	2.1 市场准入负面清单改革进展评价	定性	50%	B	40 分	2.60
			2.2 企业主营业务资产整体上市进展评价	定性	50%	B	40 分	2.60
	3. “两类公司”试点推进情况	13%	3.1 “两类公司”授权试点进展评价	定性	100%	B	40 分	5.20
	4. 国有企业管理改革情况	11%	4.1 建设规范董事会试点及引入外部独立董事制度进展评价	定性	35%	B	40 分	1.54
			4.2 推行职业经理人制度进展评价	定性	35%	A	20 分	0.77
			4.3 实行管理层技术骨干股权激励和员工持股计划进展评价	定性	30%	B	40 分	1.32
	5. 国有资产管理和监督改革情况	10%	5.1 国有资本经营预算收入年度增幅（%）	定量	25%	14.33%	35.60 分	0.89
			5.2 国有资本经营预算编制细化程度	定性	10%	C	60 分	0.60
			5.3 经营性国有资产集中统一监管进展评价	定性	10%	A	20 分	0.20
			5.4 企业国有资产基础管理改革进展评价	定性	30%	B	40 分	1.20
			5.5 强化人大对国有资产监督职能的进展评价	定性	25%	B	40 分	1.00

续表

评价维度		权重（W_1）	评价指标	指标性质	权重（W_2）	评价结果	评价得分（R）	综合得分（$T=R\cdot W_1\cdot W_2$）
经济社会效应	6. 经济效应	25%	6.1 全社会非公有经济固定资产投资占全社会固定资产投资的比重（%）	定量	15%	72.39%	72.65 分	2.72
			6.2 国有企业去产能改革的经济成效评价	定性	15%	B	40 分	1.50
			6.3 国有企业利润增长率（%）	定量	13%	-5.6%	25 分	0.81
			6.4 国有企业净资产收益率（ROE）（%）	定量	14%	4%	49.1 分	1.72
			6.5 国有企业资产负债率（%）	定量	15%	65.7%	52.4 分	1.97
			6.6 国有企业所有者权益总额增长率（%）	定量	15%	15.2%	58.24 分	2.18
			6.7 国有企业资产总额增长率（%）	定量	13%	18.70%	62.84 分	2.04
	7. 社会效应	15%	7.1 国有企业应交税金年度增幅（%）	定量	30%	2.8%	49.59 分	2.23
			7.2 国有资本经营预算收入划转一般公共预算的比例（%）	定量	30%	13.09%	45.89 分	2.07
			7.3 国有企业的改革进展效果的评价	定性	40%	B	40 分	2.40
评价结果		100%	—		—		100%	47.96

资料来源：《企业财务报告数据摘要（2011—2015）》、统计年鉴、全国财政决算报告等。

三、国企改革指数

2015 年是中共中央、国务院正式出台深化国企改革指导意见的第一年，通过定量评价综合加权得分和 CSRI 实现对本轮国企改革的动态评价，对本轮深化国企改革有着十分重要的意义。具体而言，首先依照国企改革进展及经济社会效应评价体系计算各个年度的定量评价综合加权得分；其次，以 2015 年 12 月 31 日为基准日，以 100 为基点，根据各个年度的定量评价综合加权得分计算本年度的 CSRI 数值。

CSRI 的计算公式为：

$$\frac{CSRI_i}{CSRI_{2015}} = \frac{T_i}{T_{2015}}$$

因 2015 年为基准年，故 $CSRI_{2015}$ 为 100。2015 年国企改革进展及经济社会效应的综合加权评价得分为 47.96 分。因此，CSRI 计算公式转换为：

$$\frac{CSRI_i}{100} = \frac{T_i}{47.96}$$

即：

$$CSRI_i = \frac{T_i}{47.96} \times 100$$

中国2016年国有企业改革评价及国企改革指数

对2016年国企改革进展及经济社会效应进行定量评价的综合加权得分为58.83分，$CSRI_{2016}$为122.66。2016年国有企业改革较2015年有所加快，但与改革预期推进速度相比，2016年国有企业改革依然显得缓慢。

继2015年国企改革政策文件密集出台，2016年国企改革进入实质性开展阶段，多项改革任务和措施逐步实施。

一、2016年国企改革定性评价

2016年国企改革进展加快，尤其是下半年改革任务落地和措施推进明显提速，成效较为显著。以中央巡视组对国务院国资委巡视意见反馈为节点，国企改革呈现前慢后快的特征。总的来说，2016年国企改革顶层设计和政策文件体系不断丰富完善，“十项改革试点”梯次推进但成效与问题并存，国企改革对经济转型的引领明显，作用发挥较充分，但对社会文明进步的引领作用还有待大幅提高。

（一）深化国企改革的政策文件体系不断丰富完善

2015 年《中共中央、国务院关于深化国有企业改革的指导意见》的出台标志着国企改革顶层设计和“1 + N”政策文件体系开始构建。经过一年半的时间，尤其是 2015 年下半年至 2016 年上半年，中央及地方层面相关配套政策文件集中制定出台，国企改革政策文件体系不断丰富完善。但从政策落地情况看，2016 年上半年存在明显不足。2016 年 6 月 1 日，中央第十四巡视组向国务院国资委党委反馈专项巡视意见，明确指出其存在“党的领导弱化，落实中央决策部署不够到位，推进国资国企改革进度较缓，改革系统性、针对性、时效性不够强；实施监管有欠缺，存在越位、错位、不到位等问题，追责问责制度不健全，监督力度不够，对央企[①]存在的一些问题督促整改不力的情况”。这一反馈从另一个角度给出了对 2016 年上半年国企改革进展的评价，也成为 2016 年下半年国企改革加快推进的催化剂。

（二）相关层面对国企改革的共识度明显提升

2015 年广受诟病的“雷声大雨点小”“围绕文件原地打转”“相关层面改革态度差异较大”等问题在 2016 年有了明显改善。中央和地方层面态度都较为积极，有些地方敢于创新、勇于改革，“两类公司”组建、混合所有制改革、市场化选聘经营管理者等方面有许多创新做法，取得了一些突破，为国企改革积累了有益经验。

截至 2016 年底，央企各级子企业公司改制面达到 92%，省级

① 如无特殊说明，本报告中的“央企”指由国务院国资委履行出资人职责及监管的中央企业，截至 2016 年底，共有 102 户。

国资委监管企业改制面超过90%；央企集团及下属企业混合所有制企业（含参股）占比达到68.9%；省级国资委所监管企业及各级子企业混合所有制企业占比达到47%。地方层面不再是“亦步亦趋”，而是结合自身实际和发展需要，科学设定改革路径，积极推进改革试点。上海、山东、广东、重庆、江西等省市成为地方国企改革中的“排头兵”和试水者。如上海市通过上海国企ETF基金引入激励机制，提升国有资本的流动性，由管资产向管资本转变；山东省通过将国有资本划转省社保基金理事会持有探索混改新路径；广东省提出2017年确保混改企业比例超过70%。在主动改革转变职能方面，中央和地方层面联动配合，成效明显。中央层面，国务院国资委通过自身改革自觉转变职能，调整职能部门，新设立三大监督局主要负责外派监事会反映问题的核查、分类处置、整改督办工作，组织开展国有资产重大损失调查，提出相关责任追究的意见建议，完善监督机制；同时，推进简政放权，取消下放21项监管事项，以此带动地方层面国资委以“管资本”为主，优化国资监管体制，如陕西省国资委取消国资监管审批18项，下放9项，示范带动，上下联动效应明显。

（三）国企“十项改革试点”成效与问题并存

2016年初，国务院国资委、国家发展改革委、人社部正式对外披露年度重点工作是围绕国企改革中的重点难点问题开展“十项改革试点”，通过试点取得突破、多点开花，以点带面，推进体制机制创新。“十项改革试点”计划包括落实董事会职权、市场化选聘经营管理者、推行职业经理人制度、进行企业薪酬分配差异化改革、改组或组建国有资本投资公司和运营公司、中央企业兼并重组、部分重要领域进行混合所有制改革、混合所有制企业员工持股、国有企业信息公开、剥离企业办社

会职能和解决历史遗留问题。

2016 年，“十项改革试点”都有不同程度的推进。其中，央企兼并重组和混合所有制改革等试点工作进展较快，达到甚至超出预期，成效明显。2016 年相继推动港中旅集团与国旅集团、中粮集团与中纺集团、中国建材与中材集团、宝钢与武钢、中储粮总公司与中储棉总公司 5 对 10 户央企进行重组，央企从 107 户减少至 102 户。其他试点工作也取得一定进展，如在剥离企业办社会职能和解决历史遗留问题方面，“三供一业”剥离由试点转为全国铺开；“两类公司”试点明显增加，中央和地方层面各有创新；市场化选聘职业经理人试点有所增多。

也有一些改革试点依然进展缓慢，没有明显突破。如在落实董事会职权方面，虽然董事会建设的范围逐步扩大、数量不断增多，但实际作用发挥有限；市场化选聘经营管理者和推行职业经理人制度主要集中在二、三级企业层面，作为试点在制度建设和经验积累上还有待完善；组建的“两类公司”更偏向于业务上的整合，而没有对授权关系进行“直接授权”改革，依然多为“政府—国资监管机构—两类公司”的间接授权关系，且这一关系不断固化；混合所有制企业员工持股改革试点开始较晚，截至 2016 年底未见明显成效；剥离企业办社会职能和解决历史遗留问题方面尚未形成有效的、突破性的改革路径；企业薪酬分配差异化改革和国有企业信息公开工作没有明显进展。

（四）引领经济转型作用突出而引领社会文明进步作用不明显

1. 引领经济转型方面

“去产能”是 2016 年国家层面的首要重点工作，是“三去一降一补”中的第一位工作。国有企业由于在煤炭、钢铁等相关行业中占比较大，必然是调结构、去产能的重要主体。2016 年中央和地方层面对所监管的国有企业制定了较为详细的“去产能”任务目标和考核机制，实际工作取得了明显成效，基本都完成了既定目标，央企和部分地方国有企业甚至提前、超额完成了“去产能”任务。这对其他企业调结构、去产能形成了良好的示范效应，对于推进供给侧结构性改革和经济转型发展起到积极的引导作用。此外，2016 年围绕“一带一路”倡议，央企和地方大型国有企业是对外投资的主力，尤其是在基建等领域占据绝对地位，对于“一带一路”倡议的践行和我国企业“走出去”都发挥了较好的促进作用。总体上看，2016 年国企改革在引领经济转型方面的作用发挥较为突出。

2. 引领社会文明进步方面

国有企业依然是依托多年的“社会责任报告”编制实现“以编促管”，但社会知晓度和认可度不够高，效果不明显。2016 年 7 月 1 日，国务院国资委印发了《关于国有企业更好履行社会责任的指导意见》，对国企履行社会责任，引领社会精神文明进步给予了明确指导。北京市国资委等地方国资委也出台相应指导意见，对本区域内国有企业履行社会责任进行了针对性指导，但是效果尚未显现。此外，法制日报社中国公司法务研究院发布的《2016 年度中国企业家犯罪报告（媒体案例）》显示，“2016 年公共媒体报道的 602 起企业家犯罪案例中，国有企业家犯罪或涉嫌犯罪的案件为 335 件，占 55.65%”，比例较 2015 年有所下降，但依然超过一半，且“与 2015 年相比，受贿、贪污、挪用公款仍高居国企企业家犯罪最主要的涉案罪名”。这对社会文明进步仍然构成较大的负面效应。综上所述，截至 2016 年底，国企改革对提高社会效益、提升社会文明的作用发挥没有明显进展。

二、国企改革的定量评价

通过定量综合加权评分，2016 年国企改革得分是 58.83 分，较 2015 年提高 10.87 分，表明 2016 年国企改革的进展加快，取得的成效也优于 2015 年，但依然较为缓慢。

（一）国企改革进展评价

1. 国企改革政策文件体系不断完善，顶层设计基本完成

本轮深化国企改革的突出特点之一就是要强化以“1+N”政策文件体系为代表的顶层设计。在 2015 年相关政策文件的基础上，2016 年围绕国企改革又先后出台了 7 个专项配套文件。同时，国务院国资委还会同有关部门出台了 36 个配套文件。中央层面以《中共中央、国务院关于深化国有企业改革的指导意见》为引领、以相关专项配套文件为支撑的本轮国企改革政策体系基本形成，国企改革顶层设计基本完成。地方层面，全国 37 个省、自治区、直辖市，新疆生产建设兵团和计划单列市先后出台涉及国企改革文件总计 760 多个，开展试点 200 多项，政策文件的内容较为细化深入，具有针对性和实操性，不少地区的政策文件还具有创新性和突破性，如北京市的“1+24”制度体系、四川省的“1+21”深化改革配套制度体系、江西省的“1+20”改革配套文件等。2016 年出台的部分国企改革政策文件如表 1 所示。

2016 年国企改革出台的政策文件体系完整，内容协调，对症下药有创新，对推进改革有引领作用，对其他地区有借鉴意义，“法律法规政策制定和出台进展评价”指标应评价为 E（很好），相应评价得分为 100 分。

表 1

2016 年出台的部分国企改革政策文件

序号	文件名称	发文部门	文号	日期
1	《国有科技型企业股权和分红激励暂行办法》	财政部、科技部、国务院国资委	财资〔2016〕4 号	2016 年 2 月 26 日
2	《中国国有企业十项改革试点落实计划》	国务院国企改革领导小组		2016 年 2 月 25 日
3	《关于印发加快剥离国有企业办社会职能和解决历史遗留问题工作方案的通知》	国务院	国发〔2016〕19 号	2016 年 3 月
4	《中央企业深化改革瘦身健体工作方案》	国务院国资委		2016 年 5 月 18 日
5	《关于国有企业职工家属区“三供一业”分离移交工作的指导意见》	国务院办公厅	国办发〔2016〕45 号	2016 年 6 月 11 日
6	《企业国有资产交易监督管理办法》	国务院国资委、财政部	国务院国资委、财政部令第 32 号	2016 年 7 月 1 日
7	《关于推动中央企业结构调整与重组的指导意见》	国务院办公厅	国办发〔2016〕56 号	2016 年 7 月 17 日
8	《关于国有控股混合所有制企业开展员工持股试点的意见》	国务院国资委、财政部、中国证监会	国资发改革〔2016〕133 号	2016 年 8 月 2 日
9	《国务院办公厅关于建立国有企业违规经营投资责任追究制度的意见》	国务院办公厅	国办发〔2016〕63 号	2016 年 8 月 2 日
10	《关于完善中央企业功能分类考核的实施方案》	国务院国资委、财政部	国资发综合〔2016〕252 号	2016 年 8 月 24 日
11	《关于做好中央科技型企业股权和分红激励工作的通知》	国务院国资委	国资发分配〔2016〕274 号	2016 年 10 月 31 日
12	《中央企业负责人经营业绩考核办法》	国务院国资委	国务院国资委令第 33 号	2016 年 12 月 8 日

2. 混合所有制改革成为改革突破口且加快推进

“推进混合所有制改革是深化国企改革的重要突破口。”① 2016年下半年，混合所有制改革的各项措施开始加快实施。

从市场准入负面清单改革情况看，强化了要在电力、石油、天然气、铁路、民航、电信、军工等七大领域打破垄断，并要求“迈出实质性步伐”。从2016年全年看，石油、民航、电力、电信等领域的央企混改取得一定进展。2016年下半年，东航集团、联通集团、南方电网、哈电集团、中国核建、中国船舶等央企和浙江省发展改革委作为第一批混合所有制改革试点单位（即“6+1”混改试点）开始探索实施，混改进程加快。从评价指标看，“市场准入负面清单改革进展评价”指标评价为C（试点范围不断扩大但清单仍然较长），相应的评价得分为60分。

从主营业务资产整体上市情况看，进展依然较为缓慢。2016年9月国务院国资委划定公司制改制时间表，全面推进国有企业公司制股份制改革，明确央企要在2017年底完成公司制改制。截至2016年底，央企主营业务资产整体上市的还是35家，进展较慢，占比依然较小。地方层面，不少地区将国企主营业务资产整体上市明确为推进国企混改和提高资产证券化率的重要途径，但推进整体上市改革的举措较少。综合来看，“企业主营业务资产整体上市进展评价”指标应评价为B（较慢），相应评价得分为40分。

3. “两类公司”试点增多但授权关系改革缓慢

2016年“两类公司”试点增多，探索出一些有益经验。中央层面，“两类公司”试点在原来2家基础上，增加到10家。具体来说，在中国诚通控股集团有限公司（诚通集团）、中国国新控股有

① 资料来源：刘鹤在国家发展改革委国有企业混合所有制改革试点专题会上的发言。2016年中央经济工作会议明确“混合所有制改革是国企改革的重要突破口”。

限责任公司（中国国新）开展国有资本运营公司试点，在国投集团、中粮集团、神华集团、宝武集团、中国五矿、招商局集团、中交集团、保利集团等开展国有资本投资公司试点。试点单位围绕投资、运营进行了一些积极探索，如中国国新主导设立了2 000亿元规模的“中国国有资本风险投资基金”；诚通集团主导设立了3 500亿元规模的“中国国有企业结构调整基金”，以资本运营促进结构调整；中粮集团以“管资本”为核心，优化战略布局，打造农粮、食品、地产、金融四大专业化板块平台，构建“小总部、大产业”体系，形成了“集团总部资本层—专业化公司资产层—生产单位执行层”三级架构；招商局集团推动业务结构从“三大主业”向“三大平台”转型，推动实业、金融和投资与资本运营的协调发展。从统计数据看，试点取得明显成效，10家试点企业2016年共实现利润总额2 450亿元，较2015年增加765亿元，同比增长45%，高于央企平均水平。地方层面，在37个省级国资委中，共有21个省级国资委开展了“两类公司”改革试点，2016年改组组建了52户国有资本投资公司和运营公司。

无论是中央层面还是地方层面，“两类公司”改革试点都偏向于业务的转型和重构，对于授权关系，尤其是直接授权关系的改革几乎没有涉及，且授权关系逐渐固化为间接授权关系，这一问题需要引起注意，值得深思。综合分析，“‘两类公司’授权试点进展评价”指标应评价为C（改革试点数量不断增加且有一定成效），相应的评价得分为60分。

4. 国有企业管理改革稳步推进

2016年，在国有企业管理改革方面，中央层面和地方层面均是稳步推进，在员工持股计划等难点改革上有所突破，但进展不大。

首先，从建设规范董事会试点及引入外部独立董事制度的情况

看，试点范围没有大的扩展。中央层面，2015 年建设规范董事会的央企有 85 家；截至 2016 年底，102 家央企建立规范董事会的有 83 家（由于兼并重组数量减少），建立规范董事会的央企占比由 2015 年的 79.44% 提高到 81.37%。此外，在引入外部董事方面，央企外部董事人才库已经达到 417 人，专职外部董事增加到 33 人。地方层面，各省国资委所监管的一级企业中有 88% 已经建立了董事会，其中外部董事占比达到 13.1%。董事会试点范围扩大和数量增多并不是改革的最终目的，规范董事会职权，强化外部董事监督才是根本目的，实际改革中董事会和外部董事的作用得到一定发挥，但作用有限。因此，“建设规范董事会试点及引入外部独立董事制度进展评价”指标应评价为 C（试点范围超过 50% 且董事会作用得到发挥），相应的评价得分为 60 分。

其次，从职业经理人制度改革的情况看，市场化选聘职业经理人比例依然较低。截至 2016 年底，中央层面，央企集团公司及下属企业中，市场化选聘和管理的经理层成员约占 5.1%，其中，央企二级企业中，市场化选聘和管理的经理层成员约占 7.4%；在国投、中国铁路通信信号集团公司等央企的二级企业开展市场化选聘经营者和职业经理人试点，共采取市场化方式选聘了 1 名总经理和 13 名副总经理；新兴际华集团完成了集团公司总经理、经理层副职、全部二级公司经理层的市场化选聘工作，包括 6 名总经理、31 名经理层副职。地方层面，37 个省级国资委所监管企业及下属企业中，通过市场化选聘并管理的经理层人员占 14%。因此，“推行职业经理人制度进展评价”指标应评价为 B（职业经理人聘用数量不断增加），相应的评价得分为 40 分。

最后，从管理层技术骨干股权激励和员工持股计划推进的情况看，股权激励计划继续推进，员工持股计划开始试点但进展缓慢。2016 年确定的国企“十项改革试点”中，混合所有制企业中员工持股计划终于破冰，明确在央企选择10户子企业，并指导各省市分别选择10户企业开展试点。2016年8月18日，国务院国资委印发《关于国有控股混合所有制企业开展员工持股的意见》，对开展员工持股试点涉及的试点企业条件、持股员工范围、出资入股方式、入股价格、股权结构、持股比例、股权流转等关键事项提出了明确要求，并确定此项改革试点在央企三级及以下控股企业实施。国务院国资委确定了10家试点的央企三级子企业名单。《关于中央企业所属10户子企业开展员工持股试点的通知》显示，10户试点企业分别为宁夏神耀科技有限公司（筹）、中国电器科学研究院有限公司、欧冶云商股份有限公司、上海泛亚航运有限公司、中国茶叶有限公司、中外运化工国际物流有限公司、中节能大地环境修复有限公司、中材江西电瓷电气有限公司、建研软件有限公司（筹）、中铁工程设计咨询集团有限公司。但是，截至2016年底，员工持股试点缺乏实质性推进，尚处正在开展审计评估、确定外部非公有资本股东等阶段。地方层面，员工持股试点改革也在摸索之中，如云南省明确要稳妥推进5—10户企业员工持股试点。此外，财政部、科技部、国务院国资委联合印发了《国有科技型企业股权和分红激励暂行办法》，激发技术和管理人员的积极性和创造性。因此，“实行管理层技术骨干股权激励和员工持股计划进展评价”应评价为C（至少有一项改革得到推进且取得一定效果），相应评价得分为60分。

5. 国有资产管理和监督改革进展较慢

国有资产管理和国企改革息息相关，深化国企改革必须同步甚至提前推进国有资产管理与监督改革，理顺相关体制机制。2016年在国企改革上有诸多亮点，国有资产管理与监督改革方面则进展缓慢。

一是从国有资本经营预算收入看，预算“盘子”依然较小。

2016 年，中央国有资本经营预算收入为 1 430.17 亿元①，同比下降 11.3%，主要是卷烟消费税调整以及石油石化、钢铁、煤炭等行业企业经济效益下滑，部分企业利润收入同比减少。年度增幅比参照值（26.53%）低 37.83 个百分点，按照对比打分法，应在 60 分的基础上相应降低 75.66 分，因而“国有资本经营预算收入年度增幅”指标评价得分为 -15.66 分。

二是从国有资本经营预算编制详细程度看并无明显变化。2016 年国有资本经营预算表和国有资本经营预算决算表在一级项目下基本都有细化的二级项目，但依然不能充分反映国有资本经营预算的收支具体事项。因此，“国有资本经营预算编制细化程度”指标评价为 C（一般），相应的评价得分为 60 分。

三是从经营性国有资产集中统一监管看，地方改革稳步推进，监管范围有所扩大。中央层面，“经营性国有资产集中统一监管”的相关制度还在研究中，具体工作无明显进展；地方层面，积极探索推进，经营性国有资产集中统一监管范围不断扩大。如吉林省委省政府决定将省级所属企业及省直部门、事业单位所属企业统一移交省国资委管理，涉及资产超过 5 000 亿元；上海市将原由市金融办委托监管的市属金融机构统一移交市国资委，开始探索对金融领域国资集中统一监管；江西省将一批原属事业单位的职业院校划转省国资委统一管理，拟建立江西国资职教集团等。

需要特别说明的是，由于原指标在设计上过度偏重中央层面经营性国有资产集中统一监管的进展，对地方层面的探索和改革考虑较少，经专家组讨论对该项评价标准进行微调。新的评价标准依然分成五档，分别为 A. 集中统一监管改革开始推进；B. 集中统一监管改革有所加快；C. 集中统一监管范围明显扩大；D. 集中统一监

① 资料来源：财政部《关于 2016 年中央决算的报告》。

管范围基本全覆盖；E. 集中统一监管范围全覆盖且实现制度化。标准调整后，对 2015 年定量评价综合加权得分无影响，因而对 $CSRI_{2015}$ 也无影响。2016 年“经营性国有资产集中统一监管进展评价”指标评价为 B（集中统一监管改革有所加快），相应的评价得分为 40 分。

四是从企业国有资产基础管理改革看，企业国有资产基础管理研究工作持续进行，《企业国有资产基础管理条例》起草工作扎实推进，履行出资人职责的机构剥离公共管理职能改革稳步推进。按照“管资本”原则，以“放权”为特色，优化国资监管体制，全国多个地区编制国资监管权力清单和责任清单。如湖北省国资委制定了《湖北省国资委出资人监管权力和责任清单》和《湖北省国资委行权履职流程图》；陕西省国资委共梳理国资监管审批事项 73 项，确定第一批取消 18 项，下放 9 项等。因此，“企业国有资产基础管理制度改革进展评价”指标应评价为 B（沿用传统的基础管理制度并开始酝酿基础管理制度改革方案），相应得分为 40 分。

五是从强化人大对国有资产监督职能的履行上看，各级人大逐步加强对国有资产的监督，积极履行职能。中央层面，2016 年 6 月 30 日，国务院国资委主任肖亚庆代表国务院向第十二届全国人大常委会作国务院关于资产管理和体制改革情况的报告，接受全国人大常委会对国有资产的监督。地方层面，陕西省人大常委会启动实施人大对国有资产监督制度；本溪市、普洱市等人大常委会主动听取本行政区域内国有资产监督管理工作专题汇报等。总体来看，人大及其常委会对国有资产的监督有所加强，但是监督方式单一、监督力度不够、监督效果一般。因此，“强化人大对国有资产监督职能的进展评价”指标应评价为 B（人大监督力度较小），相应得分为 40 分。

（二）国企改革经济社会效应评价

1. 国企改革的经济效应

对 2016 年国企改革经济效应的评价以定量指标为主，定性指标为辅，包括以下几个评价指标：

其一，2016 年全社会固定资产投资额（含农户）为 606 465.70 亿元，其中国有固定资产投资额 129 038.50 亿元，集体固定资产投资额 8 928.54 亿元①，非公有经济固定资产投资额 468 498.70 亿元，全社会非公有经济固定资产投资占全社会固定资产投资的比重为 77.25%，比参照值（69.86%）高 7.39 个百分点，按照对比打分法，评价得分应再增加 36.95 分。因此，“全社会非公有经济固定资产投资占全社会固定资产投资的比重”指标的评价得分为 96.95 分。

其二，在“去产能”方面，国有企业“去产能”成效明显，发挥了积极的引导作用。据统计，截至 2016 年底，中央层面共处置了 171 户“僵尸企业”，治理了 249 户“特困企业”，妥善安置了富余人员 12 万人，对央企实现收入和效益恢复性增长、扭转效益下滑局面发挥了积极作用；央企共化解 1 019 万吨钢铁过剩产能，完成年度任务的 141.7%，分流安置职工 33 126 人；化解 3 497 万吨煤炭过剩产能，完成年度任务的 109.9%，分流安置职工 41 945 人。央企超额完成“去产能”任务，对于全国“调结构、去产能”任务和推进供给侧结构性改革都发挥了积极的引导作用。以宝钢和武钢为例（后合并为宝物钢铁），2016 年退出 14 座转炉、7 座电炉和 10 座高炉，完成产能压降 1 662 万吨的目标任务，占全国粗钢产能压减计划总量的 11%—17%，充分发挥了示范引领作用。因此，“国有企业去产能改革的经济成效评价”指标应评价为 E（成效显著），相

① 资料来源：国家统计局年度数据。

应的评价得分为 100 分。

其三，2016 年全国国有企业实现利润总额为 23 157.8 亿元[①]，同比增长 1.7%，比参照值（11.9%）低 10.2 个百分点，按照对比打分法，评价得分应减少 20.4 分。因此，“国有企业利润增长率”指标的评价得分为 39.6 分。

其四，2016 年全国国有企业的净资产收益率为 3.6%。此数据为估算数据，估算方法为：2016 年全国国有企业利润总额为 23 157.8 亿元，假设所得税费率为近 3 年平均值，即 27.16%，则 2016 年全国国有企业净利润为 16 868.1 亿元；2016 年全国国有企业所有者权益年初值和年末值分别为 482 414.4 亿元和 446 797.2 亿元[②]，可估算出 2016 年全国国有企业净资产收益率为 3.6%。该指标相比于参照值（6.18%）降低了 2.58 个百分点，按照对比打分法，应减少 12.9 分。因此，“国有企业净资产收益率（ROE）”指标的评价得分为 47.1 分。具体分值如表 2 所示。

表 2　　历年 ROE 及 2016 年 ROE 测算

年度	2011 年	2012 年	2013 年	2014 年	2015 年	2016 年
全国国有企业利润总额（亿元）	24 669.8	24 277.3	25 573.9	26 444	24 970.4	23 157.8
所得税费用（亿元）	6 138.0	6 350.2	6 864.5	7 079.4	6 957.8	6 289.7[③]
净利润（亿元）	18 531.8	17 927.1	18 709.4	19 364.6	18 012.6	16 868.1[④]
所得税费率[⑤]	24.88%	26.16%	26.84%	26.77%	27.86%	27.16%[⑥]
全国国有企业所有者权益（亿元）	272 991.0	319 754.7	369 972.8	418 759.1	482 414.4	446 797.2

① 资料来源：财政部官网 2016 年 1—12 月全国国有及国有控股企业经济运行情况。
② 资料来源：财政部官网 2016 年 1—12 月全国国有及国有控股企业经济运行情况。
③ 2016 年所得税费用 =2016 年所得税费率 ×2016 年全国国有企业利润总额。
④ 2016 年净利润 =2016 年全国国有企业利润总额 －2016 年所得税费用。
⑤ 所得税费率 = 所得税费用 ÷ 全国国有企业利润总额。
⑥ 2016 年所得税费率取 2013—2015 年所得税费率的平均值。

续表

年度	2011 年	2012 年	2013 年	2014 年	2015 年	2016 年
净资产收益率（ROE）①	7.2%	6.0%	5.3%	4.9%	4.0%	3.6%

资料来源：《企业财务报告数据摘要（2011—2015）》、《2016 年 1—12 月全国国有及国有控股企业经济运行情况》

其五，2016 年全国国有企业资产总额为 1 317 174.5 亿元，负债总额为 870 377.3 亿元②，平均资产负债率为 66.08%，比参照值（64.18%）提高 1.9 个百分点，按照对比打分法，评价得分应该减少 9.5 分。因此，“国有企业资产负债率”指标的评价得分为 50.5 分。

其六，2016 年全国国有企业所有者权益总额为 446 797.2 亿元，同比增长 9.2%③，比参照值（16.08%）降低了 6.88 个百分点，按照对比打分法，评价得分应减少 13.76 分。因此，“国有企业所有者权益总额增长率”的评价得分为 46.24 分。

其七，2016 年全国国有企业资产总额为 1 317 174.5 亿元，同比增长 9.7%④，比参照值（17.28%）降低 7.58 个百分点，按照对比打分法，评价得分应降低 15.16 分。因此，“国有企业资产总额增长率”指标的评价得分为 44.84 分。

2. 国企改革的社会效应

一是 2016 年全国国有企业应交税金 38 076.1 亿元，同比下降 0.7%⑤，比参照值（6.27%）低 6.97 个百分点，按照对比打分法，评价得分应降低 20.91 分。因此，“国有企业应交税金年度增幅”的评价得分为 39.09 分。

① 净资产收益率（ROE）= 净利润 ÷（上年年末所有者权益 + 本年年末所有者权益）÷ 2。
② 资料来源：2016 年 1—12 月全国国有及国有控股企业经济运行情况。
③ 资料来源：2016 年 1—12 月全国国有及国有控股企业经济运行情况。
④ 资料来源：2016 年 1—12 月全国国有及国有控股企业经济运行情况。
⑤ 资料来源：2016 年 1—12 月全国国有及国有控股企业经济运行情况。

二是2016年中央国有资本经营预算收入1 430.17亿元，加上2015年结转收入394.47亿元，收入总额为1 824.64亿元，划转一般公共预算用于保障改善民生支出246亿元①。国有资本经营预算收入划转一般公共预算的比例为13.48%，与2020年达到30%的目标相差16.52%，比基数5%提高了8.48个百分点。按照对比打分法，评价得分应在20分的基础上增加27.14分。因此“国有资本经营预算上划公共财政的比例”指标的评价得分为47.14分。此外，地方层面就国有资本支持民生发展也进行了探索，如山东将18户省管企业30%国有资本共计180.65亿元划至省社保基金理事会持有，辽宁省国资委探索股权划拨充实社保等。

三是从国企改革进展效果看，2016年围绕国企“十项改革试点”梯次开展了多项试点，在央企兼并重组、混合所有制改革等方面有较为显著的成效；董事会试点、市场化选聘职业经理人试点、“三供一业”剥离等稳步推进；员工持股试点开始着手。此外，围绕央企“瘦身健体提质增效”，大幅压缩管理层级、减少法人户数，半年多时间（截至2016年底）累计减少4 000余户，压减比例近8%。此外，从官方舆论、社会媒体及业内专家的评价看，2016年国企改革的效果也得到较为积极的评价。如国务院国资委将2016年工作总结为“不断出台改革政策并督促政策落地”；国务院国资委国有重点大型企业监事会主席季晓南认为，2016年国企改革是“改革文件体系完善年、改革主要举措落实年、重点领域改革试点年、企业重组整合推进年、供给侧结构性改革年、国企党建工作强化年”；《中国经济周刊》认为，“国企改革的2016，有想法，更要有办法”；《紫光阁》杂志评论认为，“2016年深化国企改革动真碰硬”；2016现代国企改革高层论坛参会专家认为，“国有企业在供给

① 资料来源：财政部《关于2016年中央决算的报告》。

侧结构性改革中，以国家政策为导向，紧密结合市场规律和自身情况，释放新需求，创新新供给，推动新产业、新业态蓬勃发展，加快实现发展动力转换，积极发挥带动作用”。因此，“国有企业的改革进展效果的评价”指标的评价应为C（有改革方案且取得一定成果），相应的评价得分为60分。

综上所述，如表3所示，2016年度国企改革进展及经济社会效应的定量综合加权得分为58.83，改革进展较2015年明显加快，但仍显缓慢，需进一步推进。

三、国企改革指数

2015年是本轮深化国企改革的元年，以2015年12月31日为基准日，以100为基点，根据各个年度的综合加权评价得分计算本年度的CSRI数值可以实现对本轮国企改革进展的动态追踪。

CSRI的计算公式为：

$$\frac{CSRI_i}{CSRI_{2015}} = \frac{T_i}{T_{2015}}$$

因2015年为基准年，故CSRI_{2015}为100。2015年国企改革进展及经济社会效应的综合加权评价得分为47.96分。因此，CSRI计算公式转换为：

$$\frac{CSRI_i}{100} = \frac{T_i}{47.96}$$

即：

$$CSRI_i = \frac{T_i}{47.96} \times 100$$

依据表3可知，2016年中国国有企业改革进行定量评价的综合加权得分为58.83，根据模型可计算得知，$CSRI_{2016}$为122.66。

表 3　2016 年国有企业改革进展及经济社会效应评价指标体系

评价维度		权重（W_1）	评价指标	指标性质	权重（W_2）	评价结果	评价得分（R）	综合得分（$T = R \cdot W_1 \cdot W_2$）
国企改革进展	1. 国企改革法律政策的制定及出台情况	13%	1.1 法律法规政策制定和出台进展评价	定性	100%	E	100 分	13
	2. 混合所有制改革情况	13%	2.1 市场准入负面清单改革进展评价	定性	50%	C	60 分	3.9
			2.2 企业主营业务资产整体上市进展评价	定性	50%	B	40 分	2.6
	3. “两类公司”试点推进情况	13%	3.1 “两类公司”授权试点进展评价	定性	100%	C	60 分	7.8
	4. 国有企业管理改革情况	11%	4.1 建设规范董事会试点及引入外部独立董事制度进展评价	定性	35%	C	60 分	2.31
			4.2 推行职业经理人制度进展评价	定性	35%	B	40 分	1.54
			4.3 实行管理层技术骨干股权激励和员工持股计划进展评价	定性	30%	C	60 分	1.98
	5. 国有资产管理和监督改革情况	10%	5.1 国有资本经营预算收入年度增幅	定量	25%	-11.30%	-15.66 分	-0.39
			5.2 国有资本经营预算编制细化程度	定性	10%	C	60 分	0.6
			5.3 经营性国有资产集中统一监管进展评价	定性	10%	B	40 分	0.4
			5.4 企业国有资产基础管理改革进展评价	定性	30%	B	40 分	1.2
			5.5 强化人大对国有资产监督职能的进展评价	定性	25%	B	40 分	1

续表

评价维度		权重（W_1）	评价指标	指标性质	权重（W_2）	评价结果	评价得分（R）	综合得分（$T = R \cdot W_1 \cdot W_2$）
经济社会效应	6. 经济效应	25%	6.1 全社会非公有经济固定资产投资占全社会固定资产投资的比重	定量	15%	77.25%	96.95 分	3.64
			6.2 国有企业去产能改革的经济成效评价	定性	15%	E	100 分	3.75
			6.3 国有企业利润增长率	定量	13%	1.70%	39.6 分	1.29
			6.4 国有企业净资产收益率（ROE）	定量	14%	3.60%	47.10 分	1.65
			6.5 国有企业资产负债率	定量	15%	66.08%	50.50 分	1.89
			6.6 国有企业所有者权益总额增长率	定量	15%	9.20%	46.24 分	1.73
			6.7 国有企业资产总额增长率	定量	13%	9.70%	44.84 分	1.46
	7. 社会效应	15%	7.1 国有企业应交税金年度增幅	定量	30%	-0.70%	39.09 分	1.76
			7.2 国有资本经营预算收入划转一般公共预算的比例	定量	30%	13.48%	47.14 分	2.12
			7.3 国有企业的改革进展效果的评价	定性	40%	C	60 分	3.60
评价结果		100%	—		—		100%	58.83

具体计算公式如下：

$$CSRI_{2016} = \frac{T_{2016}}{47.96} \times 100 = \frac{58.83}{47.96} \times 100 = 122.66$$

中国2017年国有企业改革评价及国企改革指数

2017年是国企改革的“施工年”。随着国企改革全面实施，各项政策逐步细化、落实，重要领域和关键环节取得突破性进展。各类改革试点陆续进入经验总结阶段，为整体实质性推进做好铺垫。对2017年度国企改革进展及经济社会效应进行定量评价的综合加权得分为68.07分，计算得出财科院国企改革指数为141.93，改革整体加速，且有成效日渐凸显。

一、2017年国企改革定性评价

（一）深化国企改革的政策文件体系更趋于完备

自《中共中央、国务院关于深化国有企业改革的指导意见》出台以来，中央层面国企改革“1+N”政策体系不断充实完善，各类改革措施基本都配备了具体改革方案文件。国企改革的政策文件体系已经形成了支撑国企改革的总体框架，主要目标开始转向攻坚克难的专项政策，包括中央企业结构调整与重组、剥离企业办社会职能和历史遗留问题、国有控股混合所有制企业开展员工持股试点等方面的专项指导性意见。地方层面，根据中央指导意见，出台和完善相应实施方案，大部分省、自治区、直辖区已经形成适合自身发展的“1+N”体系。综合来看，国企改革的政策文件体系已经形成，处于逐步优化补充阶段。

（二）地方层面改革意愿明显增强

随着改革的推进，地方层面充分发挥出其主观能动性，遵循改革发展规律，积极探索各地适宜的改革推进方式。地方国资国企改革突出的共性在于清晰地沿着供给侧结构性改革主线，大力“处僵治困”，突出转型升级，实施重组优化布局结构。但共性之中，个性迥异。不同区域国资国企基于规模总量、产业结构、发展阶段的差异，对改革路径、发力点的探索各有侧重。如广东省以战略性重组为抓手推进国企改革；河南、湖北、陕西等中西部省份“处僵治困”力度空前；东北地区振兴则聚焦混改，精准发力。

地方部分改革试点推进程度甚至快于中央层面，如规范董事会试点，各省市覆盖比例远高于中央层面。在针对两类公司的探索方面，各地大多完成组建工作，正式步入运营阶段，在此过程中，涌现出三种典型代表：上海模式、山东模式、重庆模式。从构建上看，“上海模式”把投资公司与运营公司集成在一起，以平台公司方式运作；“重庆模式”更细分了国有资本运营公司，把优良资产放入国有资本运营公司，而把不良资产放入国有资产管理公司分别运作；“山东模式”则把产业集团装入国有资本投资公司与国有资本运营公司，国资委直接面对的是国有资本投资公司与国有资本运营公司。总体来看，三个模式大都采取了基金化运作方式，同时结合本地实际，把“两类公司”的改组新建与混合所有制改革、产业结构调整以及国有资本的布局进行优化结合。同时，在企业高管的安排上，也都贯彻了加强国有企业党建的原则。地方层面的不断尝

试为中央修订方案文件提供宝贵经验，对其他地区政策实施具有借鉴意义。

（三）深化国企改革的政策贯彻落实显成效

中央企业研究制订企业深化改革的实施方案，各地国资委研究制订地区深化改革政策落地的实施意见，确保改革政策逐项落地、改革目标如期完成。2017 年，各界普遍认为改革整体加速，改革目标开始转向重点推进、着力突进阶段。各类改革试点都进入总结阶段，地方层面充分实践，大多找到适宜的改革方式。对于一些改革的“硬骨头”，虽然尚未完全攻克，但也处于有条不紊推进状态中，没有出现完全搁置的情况。

（四）深化国企改革对经济转型影响显著且对社会文明进步初步产生作用

国有企业深入实施供给侧结构性改革，经济效益和社会效益并重。

1. 引领经济转型方面

国有企业改革深入推进，重大改革举措落地见效，国有企业体制机制发生了重大变革，与市场经济的融合更加紧密，规模实力和竞争力进一步增强，国有经济主导作用有效发挥。一是持续推进降杠杆减负债，划定严格的行业资产负债率警戒线，积极稳妥开展市场化债转股。二是主动化解钢铁、煤炭过剩产能，打好“处僵治困”攻坚战。三是加快解决历史遗留问题，中央财政累计投入资金 1 114 亿元推进国有企业“三供一业”分离移交，投入 205 亿元支持厂办大集体改革。四是深入实施创新驱动发展战略，加大关键共性技术、前沿引领技术、颠覆性技术创新力度。从央企来看，中央企业围绕主业发展事业，推进供给侧结构性改革，眼睛向内压缩成本，质量和效益进一步提高，是经济转型的中坚力量。中央企业的负债水平得到了有效控制，并逐步下降，率先带头降杠杆、减负债、防风险，尤为重视分类管控、多渠道补充权益资本、盘活存量资产以及严控各类风险。截至2017年底，进入《财富》世界500强，由国资委监管的央企达到48家。2017年，国有企业利润增长率、所有者权益增长率、资产总额增长率都有一定幅度的提升。国有资本经营预算收入上划一般公共预算的比例也得到提高，这都体现了国企改革对经济社会发展的正面作用。

2. 引领社会文明进步方面

中央企业承建中国桥、中国路、中国港、中国网，在重大工程建设方面取得丰硕成果，为基建做出突出贡献。在精准扶贫、污染防治、保证供给、提速降费等方面，国企也积极承担社会责任，为社会文明树立风向标。

中央企业在“三区三州”等深度贫困地区不断加大帮扶力度，结对帮扶、对口支援县达79个，2017年实施各类扶贫项目1 500余个，投入扶贫资金5.9亿元，引入社会资金超40亿元，有力促进了深度贫困地区脱贫攻坚。截至2017年底，中央企业结对帮扶了国家扶贫开发工作重点县246个。2017年，各企业进一步强化资源环境硬约束，加大高耗能、高排放产能淘汰力度，加快推进绿色制造体系、循环型产业体系建设，生产方式和产品结构绿色化程度明显提升。

截至2017年底，中央企业二氧化硫、化学需氧量、氮氧化物、氨氮排放量同比分别下降9.29%、12.53%、4.04%、9.23%，超过国家“十三五”目标进度要求。中央发电企业清洁能源装机容量占比已达41.4%，同比增长7.8%；清洁能源弃电量、弃电率持续下降；煤炭清洁高效开发利用水平稳步提升。大气、水、土壤污染防治持续深入推进，煤电企业超低排放改造率达到85%，超过全国平均水平14.1个百分点；石油石化企业有条不紊布局推广“国六”

标准车用汽柴油；挥发性有机物治理、燃煤锅炉综合治理、煤炭清洁能源替代、扬尘治理等工作有序推进；煤炭、钢铁、有色金属等企业大力推进矿山生态环境修复、重金属污染治理、生活垃圾协同处置。电力、石油石化等企业积极做好北方地区冬季清洁供暖保障工作，加快推进各地煤改电配套电网建设，努力提升天然气储输能力，保障天然气稳定供应。有关中央企业积极配合地方政府协同推进京津冀及周边地区、长江经济带、祁连山等重点区域生态环境治理，服务雄安、海南等地区绿色发展战略。此外，中央企业积极培育从事节能环保、生态修复的专业化集团，为解决生态环境问题提供有力支撑。

二、国企改革的定量评价

通过定量综合加权评分，2017 年国企改革得分是 68.07 分，较 2016 年提高 9.24 分，表明 2017 年国企改革稳步推进，在整体进程上取得突破性进展。

（一）国企改革进展评价

1. 国企改革法律政策制定及出台整体情况较好

在以《中共中央、国务院关于深化国有企业改革的指导意见》为引领、以若干文件为配套的“1 + N”政策体系下，针对具体改革措施，中央层面和地方层面均配套出台一系列政策、文件、方案。截至 2017 年末，中央各部门累计出台了 102 个配套文件，各地结合自身实际累计出台、落地文件 926 个。从中央层面来看，在强调明确改革方向的前提下，及时制定、出台、细化文件，部署具体工作的开展；从地方层面来看，从总体方案入手，各省、自治区、直辖市结合自身实际情况形成政策体系，让各项改革落地开花，如内蒙古形成自治区国企国资改革“1+33”政策体系，江西省形成“1+34”国资国企改革发展党建监管文件体系，天津市构建国企改革“1+30”文件体系。

综合来看，已出台的政策文件内容体系完整，与过去几年相比，适用范围得到进一步拓展，指导思想、实施机制等方面也都获得了显著发展，“法律法规政策制定和出台进展评价”指标应评价为E（很好），相应的评价得分为100分。2017年出台的部分国企改革政策文件如表1所示。

表1　2017年出台的部分国企改革政策文件

序号	文件名称	发文部门或文号	发文时间
1	《中央企业投资监督管理办法》	国资委令第34号	2017年1月19日
2	《中央企业境外投资监督管理办法》	国资委令第35号	2017年1月19日
3	《关于从事生产经营活动事业单位改革中国有资产管理的若干规定》	财资〔2017〕13号	2017年4月1日
4	《关于进一步完善国有企业法人治理结构的指导意见》	国办发〔2017〕36号	2017年5月3日
5	《国务院国资委以管资本为主推进职能转变方案》	国办发〔2017〕38号	2017年5月10日
6	《关于国有企业办市政、社区管理等职能分离移交的指导意见》	国资发改革〔2017〕85号	2017年6月12日
7	《国有企业境外投资财务管理办法》	财资〔2017〕24号	2017年6月21日
8	《中央企业主要负责人履行推进法治建设第一责任人职责规定》	中办发〔2016〕71号	2017年7月20日
9	关于印发《中央企业主要负责人履行推进法治建设第一责任人职责规定》的通知	国资党发法规〔2017〕8号	2017年7月25日
10	《中央企业公司制改制工作实施方案》	国办发〔2017〕69号	2017年7月26日
11	关于国有企业办教育医疗机构深化改革的指导意见	国资发改革〔2017〕134号	2017年7月28日
12	国务院关于印发划转部分国有资本充实社保基金实施方案的通知	国发〔2017〕49号	2017年11月9日

2. 混合所有制改革稳步推进

混合所有制改革积极稳妥实施，已在重点领域确定 3 批 50 家试点企业。中央企业中已开展混合所有制改革的企业户数占比达 68.9%。在第三批混改试点企业中，地方国企数量明显多于中央企业，混合所有制的试点首次由央企向地方国企扩围。中央企业中已开展混合所有制改革的企业户数占 68.9%；前两批共 19 家中央企业混改试点中，通过混改将引入各类资本约 3 000 亿元，其中中国联通、东方航空的混改试点已形成重要突破，有望在更大层面发挥示范效应；第三批 31 家试点企业已经国务院批准，正在按照方案落实。到 2017 年底，中央企业各级子企业，包含 98 家中央企业集团公司基本完成了公司制改制。其中，超过 2/3 的企业引进各类社会资本实现了混合所有制。根据中央企业产权登记数据，2013—2016 年中央企业及各级子企业中混合所有制企业户数占比由 65.7% 提高至 68.9%。2017 年，中央企业新增混合所有制企业超过 700 户，其中通过资本市场引入社会资本超过 3 386 亿元。前两批共 19 户，目前 7 户已经完成引入战略投资者、重组上市、新设公司等工作，引入各类投资 40 多家、资本超过 900 亿元。2017 年底新确定了第三批试点企业，包括 10 户中央企业和 21 户地方国有企业，目前这些企业正在制定实施方案。

在前两批试点企业中，不少项目改革力度超出社会预期，获得广泛关注。如中国联通上市公司通过股票市场增发引入了中国人寿、腾讯、百度、京东、阿里等战略投资者。另外，在非上市公司方面，东方航空旗下东航物流混改同样获得各界关注和好评，被认为给其他企业树立了标杆和样本。东航物流通过产权市场公开融资 22.5 亿元，吸引了德邦、普洛斯等物流行业龙头企业成为战略投资者，联想、绿地等民营资本成为财务投资者，同时引入核心员工持股形成利益共同体，为建立股权结构均衡、法人治理健全的现代企业制度夯实了基础。混改之后，联想、普洛斯、德邦、上海绿地将共计持有东航物流 45% 的股份，核心员工持有公司 10% 的股份，集团持股比例从 100% 一次性降到 45% 。

地方国企对混合所有制改革表现出尤为强烈的意愿，推进力度明显大于往年。早在 2017 年初，广东、深圳、山东、山西等多个省市或出台关于国有企业改革的指导性文件，或召开相关会议。重庆市属国有企业混合所有制比重达到 50. 9% 。与央企层面的混改试点不同，地方国企并不局限于电力、铁路、通信、能源等特定领域，而是充分打开竞争类企业的资本大门，通过上市，引入民营资本、央企资本，员工持股等多元化探索，激发传统制造业企业潜力，释放机制活力。

一方面，市场准入负面清单制度即将进入全面实施阶段。于 2016 年设立的首批试点，包括天津、上海、福建、广东四省市，在 2017 年进入总结阶段。2017 年 11 月，经国务院批准，辽宁、吉林、黑龙江、浙江、河南、湖北、湖南、重庆、四川、贵州、陕西 11 个省市作为第二批试点。至 2017 年底，累计在 15 个省市试行该制度，在总结经验基础上，已着手修订并形成 2018 年版负面清单。预计在 2018 年内按照计划实行全国统一的市场准入负面清单制度，逐步探索建立清单的动态调整、信息公开等机制。因此，“市场准入负面清单改革进展评价”指标应评价为 C（试点范围不断扩大但清单仍然较长），相应的评价得分为 60 分。

另一方面，企业主营业务资产整体上市有序推进。从全国来看，国有企业混合所有制改革扎实推进，公司制改革基本完成，全面整体上市蓄势待发。截至 2017 年底，全国国有企业公司制改制面达 91. 6%[①]。整体上市无疑是本轮地方混改的重要突破口。从地方

① 2018 年 10 月 24 日，国务院关于 2017 年度国有资产管理情况的综合报告。

层面来看，部分省市已经显现一定成效。例如，浙江省 2017 年 7 月完成了省内首例国企混改，并实现整体上市。浙江省物产集团有限公司整体上市方案获中国证监会批准同意。实施整体上市后，该集团国有控股占比 54.52%，其余股份则由战略投资者、管理层以及业务骨干等持有；安徽建工集团完成整体上市，利用集团所属安徽水利上市公司平台，采取安徽水利吸收合并安徽建工集团的方式实施整体上市，同时设立上市公司员工持股计划，并向员工持股计划和战略投资者发行股份募集配套资金，发展混合所有制经济。整体上市后，上市公司国有股本由 9.04 亿股增加至 14.34 亿股，国有资本持股比例由 16.07% 增加至 32.32%，国有资本控制力和影响力进一步增强。到 2017 年底，上海整体和核心业务资产上市企业已经占竞争类企业总数的 2/3，已经达成其确立的改革目标。此外，2018 年上海将继续加大对新兴产业企业进入资本市场的培育、指导和服务，支持企业实现多地多层次上市。内蒙古设立自治区国有企业转型升级基金，成为深化改革重要举措。综合来看，“企业主营业务资产整体上市进展评价”指标应评价为 C（一般），相应的评价得分为 60 分。

3. “两类公司”试点成效凸显

国有资本投资公司和运营公司是国有资本市场化专业化运作、提高配置效率的最佳平台。2017 年，国资委清理监管职责，已经下放 18 项权利，进一步加大对“两类公司”的授权力度。自 2014 年设立首批试点以来，在中央企业层面，有 10 家“两类公司”试点。其中，国有资本投资公司试点为中粮集团、国投公司、神华集团、宝武集团、中国五矿、招商局集团、中交集团、保利集团；国有资本运营公司试点为诚通集团、中国国新。试点工作有序推进，如诚通集团建立了我国首个国有企业结构性调整基金，达到 3 500 亿元规模，在 2017 年参与了中国联通的混合所有制改革。2017 年第一季度，10 家“两类公司”试点实现利润同比增长 33.4%，比央企平均水平高了 10 个百分点，试点取得了很好的成效。

在地方层面，各地也选择了多家省级国资委监管企业进行试点，截至 2017 年，各省完成改组组建国有资本投资、运营公司已有 52 家，试点成效逐渐显现。浙江省设立浙江省国有资本运营有限公司，完成科弘系六家企业（原物产集团和中国五矿集团分别按 38.5%和 61.5%比例投资创办，长期巨额亏损）和中国五矿集团的资产分拆，厘清原物产集团累计投入 10.3 亿元对应的资产及提供 4.235 亿元担保的责任；联合省能源集团、交投集团、海港集团、国贸集团 4 家省属企业，并牵头组建注册资本 100 亿元的浙江富浙投资有限公司，作为浙江省出资企业对国新、国际、国同基金的统一出资平台和业务对接平台。综合分析，“‘两类公司’授权试点进展评价”指标应评价为 C（改革试点数量不断增加且有一定成效），相应的评价得分为 60 分。

4. 国有企业管理改革持续推行

2017 年，国有企业管理体制的改革与创新进一步深化。以公司制改制为突破口，截至 2017 年 12 月，69 家中央企业改制方案全部审批通过。中央企业的子企业公司制改制面超过 92%，已经基本完成。28 个省级国资委监管的一级企业公司制改革面超过 90%。具体来看：

一是从建设规范董事会试点及引入外部独立董事制度来看，试点范围显著扩大，中央地方均获得成效。中央层面，中央企业集团层面公司制改制方案已全部批复完毕。87 户央企已建立规范董事会，占央企总数的 84%，其中 83 家外部董事占多数，有效制衡的法人治理结构和灵活高效的市场化经营机制不断完善。从地方国有企业层面来看，各省份国资委所监管一级企业中建立了董事会的占比大幅度提升，截至 2017 年底达到 92%。大部分省市已开始实行

引入独立董事制度，成效逐步显现，如四川省国有资产投资管理有限责任公司，由省国资委聘任的 3 名外部董事作为出资人代表入驻公司董事会。天津国资委，向天津国有资本投资运营有限公司和天津津诚国有资本投资运营有限公司派出外部董事 7 人。因此，“建设规范董事会试点及引入外部独立董事制度进展评价”指标应评价为 D（试点范围超过 80% 且董事会和外部独立董事作用明显），相应的评价得分为 80 分。

二是从职业经理人制度改革进展来看，国企职业经理人制度改革正在加速推进。随着国企进入公司制时代，开展市场化选聘的企业数量在增加，岗位份量、企业层级也在不断提高，同时市场化选聘职业经理人呈现岗位层次高、人员年轻化、身份市场化等新特点。中央层面，仅上半年就有国投公司、中化集团、中粮集团、华润集团、中远海运集团等企业积极在所属二、三级企业推行职业经理人制度。地方国企职业经理人制度建设推进力度更大，截至 2017 年底，已有 22 个省（区、市）开展了经理层市场化选聘工作。山西、河北、四川等多省省属国企挂出招聘职业经理人公告，落地职业经理人的市场化选聘，吸引优秀管理人才。但是，职业经理人的聘用尚且处于试行阶段，总结经验后全面覆盖仍需一段时间。因此，“推行职业经理人制度进展评价”指标应评价为 C（职业经理人数量超过 50% 且治理成效显现），相应的评价得分为 60 分。

三是从管理层技术骨干股权激励和员工持股计划进展来看，各级国有企业至少已经启动一项改革。就员工持股计划来说，稳妥起步，开局良好，成效初步显现。2017 年 7 月，各个试点均步入了具体操作实施阶段，完成员工入资工商变更登记，进入正式的运转阶段。截至 2017 年 11 月底，各省、市、自治区中有 22 个省已经制定员工持股的操作办法、实施细则，27 个省市 158 户企业正在开展员工持股试点。如上海市国资委，确定并公布了第一批员工持股试点企业。首批试点企业分别涉及上海电气（集团）总公司、锦江国际（集团）有限公司、上海久事（集团）有限公司、浦东新区国资委。管理层技术骨干股权激励相较于员工持股计划，进展较为缓慢，中央和地方均没有系统的方案出台。将两者综合考虑，中央和地方各个国有企业大多已经开展相关工作，并有一定成效。因此，“实行管理层技术骨干股权激励和员工持股计划进展评价”应评价为 C（至少有一项改革得到推进且取得一定效果），相应的评价得分为 60 分。

5. 国有资产管理和监督改革取得积极进展

一是从国有资本经营预算收入来看，我国国有资本经营预算规模有略微下降，有待总结经验，做出适应性调整。2017 年，中央国有资本经营预算收入为 1 244 亿元[①]，为预算的 96.5%，年度增幅为 -13%。年度增幅比参照值（26.53%）降低了 39.53 个百分点，按照对比打分法，应相应在 60 分的基础上降低 79.06 分。因此，“国有资本经营预算收入年度增幅”指标评价得分为 -19.06 分。

二是从国有资本经营预算编制详细程度看，列示项目得到进一步细化说明。2017 年，财政部对《中央国有资本经营预算编报办法》进行修订后重新印发。修订后的预算表包括：中央企业国有资本经营预算支出表、中央企业国有资本经营预算支出明细表、中央企业国有资本经营预算支出计划绩效目标表。各预算表中均包含三级指标明细，信息得到进一步分类细化。因此，“国有资本经营预算编制细化程度”指标应评价为 D（较好），相应的评价得分为 80 分。

三是从经营性国有资产集中统一监管改革推进情况看，地方层面改革不断加速，集中监管范围明显扩大，中央层面改革有待提

① 资料来源：财政部《关于 2017 年中央决算的报告》。

速。2017年3月31日，中共云南省委办公厅、云南省人民政府办公厅印发了《关于推进省级经营性国有资产集中统一监管实施意见》（云办发〔2017〕16号，以下简称《实施意见》），对全面推进落实省级经营性国有资产统一监管工作做出了具体部署和安排。云南省将针对省级经营性国有资产实际情况，明确通过直接划转、整合重组、改制退出3种方式推进经营性国有资产集中统一监管。内蒙古自治区于2017年6月21日印发了《自治区直属部门单位所属企业脱钩改革和经营性国有资产集中统一监管工作推进方案》，首批26家部门办企业将纳入国资委集中统一监管，涉及资产总额3 133亿元，占部门单位所属企业资产总额的96%。杭州国资委会同市财政、市编办、市场监管等部门首批确定了有关市直单位所属24家企业划入杭州国资委统一监管，分别组织市属企业与相关市直单位沟通协商，并扎实开展对划入企业的清产核资、专项审计等工作，按照“主业相近”原则，分类划入了相应的市属企业，划入的资产合计117.3亿元。相比地方改革的推进进度，中央层面党政机关和事业单位经营性国有资产集中统一监管工作进展相对缓慢，相关专门政策尚待出台。综合中央和地方整体情况，“经营性国有资产集中统一监管进展评价”指标应评价为C（集中统一监管范围明显扩大），相应的评价得分为60分。

四是从企业国有资产基础管理改革看，以管资本为主加强国有资产监管，提高监管的科学性和有效性。2017年5月，国务院发布《国务院国资委以管资本为主推进职能转变方案》。国资委的职能由“管人管事管资产”调整为以“管资本”为主，实现国有资本的保值增值。正式改革方案的出台，带动各地方积极响应，开展尝试。企业国有资产基础管理研究工作持续进行，《企业国有资产基础管理条例》研究及起草工作继续推进，履行出资人职责的机构剥离公共管理职能改革稳步推进。因此，“企业国有资产基础管理制度改革进展评价”指标应评价为 B（沿用传统的基础管理制度并开始酝酿基础管理制度改革方案），相应得分为 40 分。

五是从强化人大对国有资产监督职能的履行上看，各级人大及其常务委员会对国有资产的监督职能得到明确落实，有了明确制度依据。2017 年 11 月 20 日，习近平总书记主持召开十九届中央全面深化改革领导小组第一次会议，审议通过了《关于建立国务院向全国人大常委会报告国有资产管理情况的制度的意见》（以下简称《意见》），贯彻落实党的十八届三中全会“加强人大预算决算审查监督、国有资产监督职能”改革任务，2017 年 12 月 30 日，中共中央正式印发实施。意见明确规定，国务院每年向全国人大常委会报告国有资产管理情况，并对报告框架、报告重点、审议程序、审议重点、组织保障等提出了明确要求。这一制度的制定意味着国有资产管理情况报告制度的常态化。因此，“强化人大对国有资产监督职能的进展评价”指标应评价为 D（人大监督效果显著并实现常态化），相应的评价得分为 80 分。

（二）国企改革经济社会效益评价

1. 国企改革的经济效益

第一，2017 年全社会固定资产投资额 641 238. 40 亿元。其中，国有固定资产投资额为 139 073. 33 亿元，集体固定资产投资额为 7 678. 48 亿元[①]，非公有经济固定资产投资额为 494 486. 58 亿元，全社会非公有经济固定资产投资占全社会固定资产投资的比重为 77. 11%，比参照值（69. 86%）高 7. 25 个百分点，按照对比打分法，评价得分应再增加 36. 25 分。因此，“全社会非公有经济固定资产投资占全社会固定资产投资的比重”指标的评价得分为 96. 25 分。

① 资料来源：国家统计局年度数据。

第二，2017 年度国有企业去产能成效显著，央企钢铁去产能 595 万吨目标提前完成，煤炭完成去产能 2 388 万吨，累计重组煤炭产能达 1 亿吨。江西省属国企处置完成 458 户“僵尸企业”，完成率达 80.2%。海南省对非政策性原因连续两年亏损的二级以下企业，责成关停并转、重组整合。内蒙古自治区积极化解过剩产能，各出资监管企业首批排查出低效无效资产 300 余项，已依法处置 200 多项。其中，为加快完成包钢脱困发展的紧迫任务，内蒙古制定了包头钢铁集团提质增效转型发展 60 条措施并做好落实落地，2017 年已办结 19 项，有序推进 41 项。2017 年，云南省属企业提前完成 125 万吨铁、280 万吨粗钢的去产能任务，压减煤炭产能 357 万吨，省属企业全年均保持稳中有进良好态势，打了一个漂亮的“翻身仗”。2017 年，包钢实现盈利 6.2 亿元，增盈 45.3 亿元，扭转了连续两年巨额亏损局面。因此，“国有企业去产能改革的经济成效评价”指标应评价为 E（成效显著），相应的评价得分为 100 分。

第三，2017 年全国国有企业实现利润 28 985.9 亿元[①]，同比增长 23.5%，比参照值（11.9%）高 11.6 个百分点，按照对比打分法，评价得分应增加 23.2 分。因此，“国有企业利润增加率”指标的评价得分为 83.2 分。

第四，2017 年全国国有企业的净资产收益率为 4.4%。此数据为估算数据，估算方法为：2017 年全国国有企业利润总额为 28 985.9 亿元，假设所得税费率为近 3 年平均值，即 27.26%，则 2017 年全国国有企业净利润为 21 084.34 亿元；2017 年全国国有企业所有者权益年初值和年末值分别为 446 797.2 亿元和 519 958 亿

① 资料来源：2017 年 1—12 月全国国有及国有控股企业经济运行情况。

元[①]，可估算出2017年全国国有企业净资产收益率为4.4%。该指标相比于参照值（6.18%）降低了1.78个百分点，按照对比打分法，应减少8.9分。因此，“国有企业净资产收益率（ROE）”指标的评价得分为51.1分。具体测算如表2所示。

表2　　历年ROE及2017年ROE测算

年度	2011	2012	2013	2014	2015	2016	2017
全国国有企业利润总额	24 669.8	24 277.3	25 573.9	26 444	24 970.4	23 157.8	28 985.9
所得税费用	6 138.0	6 350.2	6 864.5	7 079.4	6 957.8	6 289.5	7 901.56②
净利润	18 531.8	17 927.1	18 709.4	19 364.6	18 012.6	16 868.3	21 084.34③
所得税费率④	24.88%	26.16%	26.84%	26.77%	27.86%	27.16%	27.26%⑤
全国国有企业所有者权益	272 991.0	319 754.7	369 972.8	418 759.1	482 414.4	446 797.2	519 958
净资产收益率（ROE）⑥	7.2%	6.0%	5.3%	4.9%	4.0%	3.6%	4.4%

资料来源：《企业财务报告数据摘要（2011—2015）》《2016年1—12月全国国有及国有控股企业经济运行情况》《2017年1—12月全国国有及国有控股企业经济运行情况》。

第五，2017年全国国有企业资产总额为1 517 115.4亿元，负债总额为997 157.4亿元[⑦]，平均资产负债率为65.73%，比参照值（64.18%）提高1.55个百分点，按照对比打分法，评价得分应该减少7.75分。因此，“资产负债率”指标的得分为52.25分。

第六，2017年全国国有企业所有者权益总额为519 958亿元，同比增长11%[⑧]。比参照值（16.08%）降低了5.08个百分点，按

① 资料来源：2017年1—12月全国国有及国有控股企业经济运行情况。
② 2017年所得税费用＝2017年所得税费率×2017年全国国有企业利润总额。
③ 2017年净利润＝2017年全国国有企业利润总额－2017年所得税费用。
④ 所得税费率＝所得税费用÷全国国有企业利润总额。
⑤ 2017年所得税费率取2014—2016年所得税费率的平均值。
⑥ 净资产收益率（ROE）＝净利润÷（上年年末所有者权益＋本年年末所有者权益）÷2。
⑦ 资料来源：2017年1—12月全国国有及国有控股企业经济运行情况。
⑧ 资料来源：2017年1—12月全国国有及国有控股企业经济运行情况。

照对比打分法，评价得分应减少 10.16 分。因此，“所有者权益总额增长率”的评价得分为 49.84 分。

第七，2017 年全国国有企业资产总额为 1 517 115.4 亿元，同比增长 10%[①]，比按照值（17.28%）降低 7.28 个百分点，按照对比打分法，评价得分应降低 14.56 分。因此，“资产总额增长率”指标的评价得分为 45.44 分。

2. 国企改革的社会效应

第一，2017 年全国国有企业应交税金 42 345.5 亿元，同比增长 9.5%[②]，比参照值（6.27%）高 3.23 个百分点，按照对比打分法，评价得分应增加 9.69 个百分点。因此，“国有企业应交税金年度增幅”的评价得分为 69.69 分。

第二，2017 年中央国有资本经营预算收入 1 244 亿元，加上结转收入 128 亿元，收入总量为 1 372 亿元，向一般公共预算划转 257 亿元[③]，划转比例为 18.73%，与 2020 年达到 30% 的目标相差 11.27%，比基数 5% 提高了 13.73 个百分点。按照对比打分法，评价得分在 20 分的基础上增加 43.94 分。因此，“国有资本经营预算收入划转一般公共预算的比例”指标的评价得分为 63.94 分。

第三，对 2017 年国有企业进展效果的评价来说，因此，“国有企业的改革进展效果的评价”指标的评价应为 D（有改革方案且基本落实），相应的评价得分为 80 分。

综上所述，2017 年度国企改革进展及经济社会效应的定量评价综合加权得分为 68.07 分，改革整体进展取得一定成效。

2017 年国有企业改革及经济社会效应评价指标体系如表 3 所示。

---

① 资料来源：2017 年 1—12 月全国国有及国有控股企业经济运行情况。

② 资料来源：2017 年 1—12 月全国国有及国有控股企业经济运行情况。

③ 资料来源：财政部《关于 2017 年中央决算的报告》。

表 3　2017 年国有企业改革进展及经济社会效应评价指标体系

评价维度		权重（W_1）	评价指标	指标性质	权重（W_2）	评价结果	评价得分（R）	综合得分（$T = R \cdot W_1 \cdot W_2$）
国企改革进展	1. 国企改革法律政策的制定及出台情况	13%	1.1 法律法规政策制定和出台进展评价	定性	100%	E	100 分	13.00 分
	2. 混合所有制改革情况	13%	2.1 市场准入负面清单改革进展评价	定性	50%	C	60 分	3.90 分
			2.2 企业主营业务资产整体上市进展评价	定性	50%	C	60 分	3.90 分
	3. “两类公司”试点推进情况	13%	3.1 “两类公司”授权试点进展评价	定性	100%	C	60 分	7.80 分
	4. 国有企业管理改革情况	11%	4.1 建设规范董事会试点及引入外部独立董事制度进展评价	定性	35%	D	80 分	3.08 分
			4.2 推行职业经理人制度进展评价	定性	35%	C	60 分	2.31 分
			4.3 实行管理层技术骨干股权激励和员工持股计划进展评价	定性	30%	C	60 分	1.98 分
	5. 国有资产管理和监督改革情况	10%	5.1 国有资本经营预算收入年度增幅	定量	25%	-13.00%	-19.06 分	-0.48 分
			5.2 国有资本经营预算编制细化程度	定性	10%	D	80 分	0.80 分
			5.3 经营性国有资产集中统一监管进程评价	定性	10%	C	60 分	0.60 分
			5.4 企业国有资产基础管理改革进展评价	定性	30%	B	40 分	1.20 分
			5.5 强化人大对国有资产监督职能的进展评价	定性	25%	D	80 分	2.00 分

续表

评价维度		权重 (W_1)	评价指标	指标性质	权重 (W_2)	评价结果	评价得分 (R)	综合得分 ($T = R \cdot W_1 \cdot W_2$)
经济社会效应	6. 经济效应	25%	6.1 全社会非公有经济固定资产投资占全社会固定资产投资的比重	定量	15%	77.11%	96.25 分	3.61 分
			6.2 国有企业去产能改革的经济成效评价	定性	15%	E	100 分	3.75 分
			6.3 国有企业利润增长率	定量	13%	23.50%	83.2 分	2.70 分
			6.4 国有企业净资产收益率	定量	14%	4.40%	51.1 分	1.79 分
			6.5 国有企业资产负债率	定量	15%	65.73%	52.25 分	1.96 分
			6.6 国有企业所有者权益总额增长率	定量	15%	11.00%	49.84 分	1.87 分
			6.7 国有企业资产总额增长率	定量	13%	10.00%	45.44 分	1.48 分
	7. 社会效应	15%	7.1 国有企业应交税金年度增幅	定量	30%	9.50%	69.69 分	3.14 分
			7.2 国有资本经营预算收入划转一般公共预算比例	定量	30%	18.73%	63.94 分	2.88 分
			7.3 国有企业的改革进展效果的评价	定性	40%	D	80 分	4.80 分
评价结果		100%						68.07 分

三、国企改革指数

本报告通过定量评价综合加权得分和 CSRI 实现对本轮国企改革的动态评价。具体而言，首先依照国企改革进展及经济社会效应评价体系计算各个年度的定量评价综合加权得分；其次，以 2015 年 12 月 31 日为基准日，以 100 为基点，根据各个年度的定量评价综合加权得分计算本年度 CSRI 数值。

中国财政科学研究院国企改革指数（CSRI）的计算公式为：

$$\frac{CSRI_i}{CSRI_{2015}} = \frac{T_i}{T_{2015}}$$

2015 年为基准年，$CSRI_{2015}$ 为 100，国企改革进展及经济社会效应的综合加权评价得分为 47.96 分。因此，CSRI 计算公式转换为：

$$\frac{CSRI_i}{100} = \frac{T_i}{47.96}$$

即：

$$CSRI_i = \frac{T_i}{47.96} \times 100$$

2017 年国企改革进展及经济社会效应的综合加权评价得分为 68.07 分，上述公式计算得：

$$CSRI_{2017} = \frac{T_{2017}}{47.96} \times 100 = \frac{68.07}{47.96} \times 100 = 141.93$$

中国2018年国有企业改革评价及国企改革指数

2018年的国企改革聚焦难点、聚焦重点的特征明显，以“双百行动”为抓手将国企改革推向新的阶段。对2018年度国企改革进展及经济社会效应进行定量评价的综合加权得分为72.44分，计算得CSRI为151.04，改革继续加速，成效更加凸显。

一、2018年国企改革定性评价

（一）聚焦难点重点将国企改革推向新的阶段

2018年是本轮国资国企改革的中间节点，改革进展也呈现明显的承先启后特征。在本轮国资国企改革实施的两年多时间里，“1+N”顶层设计的政策文件体系不断完善，而2018年出台的政策文件更多关注前期改革实践中“不好啃硬骨头”，攻克重点难点问题的同时总结各项改革的试点经验，从“单兵作战”转向“综合立体推进”。经营性国有资产集中统一监管、国有企业工资决定机制、“两类公司”改革试点扩容升级、“双百行动”工作方案等政策文件都紧盯“关节点”“要害处”，目标针对性较强，备受关注。

（二）中央地方两个层面的改革意愿均有提升

2018年国企改革整体已经进入比较稳定的轨道，中央和地方层面对于改革的掌握逐渐成熟，对于如何改革也有了更加明确的认识。尤其是在地方层面，国企改革与地方经济社会发展有效衔接，以“1+N”顶层设计为蓝本，各地结合自身实际，发挥自身优势，积极探索有利、有效的改革路径和方式，在一些方面为中央层面的国企改革提供了许多有益的借鉴。中央层面的改革将角色从顶层方案的设计者也逐渐转向本级改革难点的攻坚者。

作为2018年国企改革重磅举措，在224家中央企业子公司和180家地方国有企业中实施了为期3年的国企改革“双百行动”，充分发挥中央和地方的积极性，总结前期试点经验，“一企一策”，共同开展综合性改革。

（三）深化国企改革的政策稳步落实

2018年的国企改革政策瞄准当前改革的难点和重点，因此落实难度也有所增大。从全年的改革进展看，改革政策落实比较扎实，未出现政策空转的现象。在中央层面，“两类公司”新增试点、经理层成员契约化管理和职业经理人制度试点、员工持股试点、上市公司股权激励计划和科技型企业分红激励方案等有序推进；在地方层面，各地结合本地实际，聚焦难点问题，加快改革落地。如：河南省聚焦处置“僵尸企业”，山西省聚焦实现“煤与非煤”结构反转，云南省提出构建“1+1+X”国企国资改革发展新模式等。

（四）国企改革对经济转型和社会文明的引领作用较强

1. 在引领经济转型方面

一是降杠杆减负债。2018年，中央企业年末平均资产负债率为

65.7%，较年初下降 0.6 个百分点，50 家企业降幅超过 1 个百分点。债转股落地金额达 873 亿元，“处僵治困”任务基本完成。二是提高供给质量和效率，坚持高质量发展。2018 年，国有企业取得了一系列重大创新成果，其中港珠澳大桥的建成通车更是举世瞩目。三是企业盈利水平大幅回升。2018 年，国资监管系统企业累计实现营业收入 54.8 万亿元，同比增长 10.3%；实现增加值 12.4 万亿元，同比增长 9.8%；实现利润总额 3.4 万亿元，同比增长 13.2%；实现净利润 2.4 万亿元，同比增长 12.1%。广东、浙江、四川、安徽、江西等 11 个省（直辖市、自治区）国资委监管企业营业收入和利润总额增幅均超过 10%。

2. 在引领社会文明进步方面

一是防治污染，节能环保。国有企业主动落实新发展理念，转换发展方式。2018 年，中央企业万元产值综合能耗比“十二五”末下降 10.7%，超过“十三五”目标进度要求。二是对口帮扶，脱贫攻坚。国有企业在脱贫攻坚战中积极作为，中央企业承担了全国 42% 的国家级贫困县对口帮扶工作。截至 2018 年底，中央企业在贫困地区产业投资基金完成投资决策项目 63 个，涉及金额 128.9 亿元，定点帮扶和对口支援的 42 个县成功脱贫摘帽。三是解决历史遗留问题取得突破。2018 年，国有企业解决历史遗留问题进展加快。全国国有企业基本完成职工家属区“三供一业”和市政社区管理等职能的分离移交，中央企业职工家属区“三供一业”分离移交正式协议签订率达 99.8%，分离移交工作已完成 93.1%。全国国有企业教育医疗机构深化改革达 90% 以上，消防机构分类处理全面完成。

二、国企改革的定量评价

通过定量综合加权评分，2018 年国企改革得分是 72.44 分，较

2017 年提高 4.37 分，改革取得了新进展，一些改革难点有所突破。

（一）国企改革进展评价

1. 国企改革顶层设计聚焦难点重点

2018 年，本轮深化国有企业改革已经进行到第四个年头，顶层设计的“1 + N”政策文件体系在过去几年已经基本形成。从数量上看，2018 年出台的关于推进国有企业改革的文件较前期有所减少，但呈现新的特点。2018 年的政策文件从宏观转向微观，聚焦升级，聚焦重点，聚焦难点，并对前期改革的经验进行总结提炼。例如，出台国有企业工资决定机制、国有资本投资、运营公司改革等具有针对性的政策。再如，出台的《国企改革“双百行动”工作方案》，将国企改革向深入推进。综合来看，“法律法规政策制定和出台进展评价”指标应评价为 E（很好），相应的评价得分为 100 分。2018 年出台的部分国企改革政策文件如表 1 所示。

表 1　2018 年出台的部分国企改革政策文件

序号	文件名称	发文部门或文号	发文时间
1	《关于进一步推进中央企业创新发展的意见》	国科发资〔2018〕19 号	2018 年 4 月 19 日
2	《推进中央党政机关和事业单位经营性国有资产集中统一监管试点实施意见》	中央全面深化改革领导小组（中央深改组）	2018 年 5 月 11 日
3	《国务院关于改革国有企业工资决定机制的意见》	国发〔2018〕16 号	2018 年 5 月 13 日
4	《上市公司国有股权监督管理办法》	国资委、财政部、证监会令第 36 号	2018 年 5 月 16 日
5	《国务院关于推进国有资本投资、运营公司改革试点的实施意见》	国发〔2018〕23 号	2018 年 7 月 14 日
6	《关于印发〈国企改革“双百行动”工作方案〉的通知》	国资发研究〔2018〕70 号	2018 年 8 月

续表

序号	文件名称	发文部门或文号	发文时间
7	国家发展改革委办公厅关于印发《国有企业混合所有制改革相关税收政策文件汇编》的通知	发改办经体〔2018〕947 号	2018 年 8 月 4 日
8	《关于加强国有企业资产负债约束的指导意见》	中办、国办	2018 年 9 月 13 日
9	《关于深化混合所有制改革试点若干政策的意见》	发改经体〔2017〕2057 号	2017 年 11 月 29 日（2018 年 9 月 18 日发布）
10	关于印发《市场准入负面清单（2018 年版）》的通知	发改经体〔2018〕1892 号	2018 年 12 月 21 日
11	《中央企业工资总额管理办法》	国资委令第 39 号	2018 年 12 月 27 日

2. 混合所有制改革有序推进

2018 年，中央企业积极利用股票市场、产权市场开展混合所有制改革，引入社会资本约 1 750 亿元。当前商业一类中央企业混改比例已超过 70%，中央企业四级及以下子企业超过 85% 完成了混改。各省（直辖市、自治区）国资委监管的各级企业中混合所有制企业占比已达 45.9%。

一方面，在经过两年的试点后，市场准入负面清单制度进入全面实施阶段。按照党中央、国务院的部署，2018 年要全面实施市场准入负面清单制度。2018 年 5 月，国家发展改革委会同商务部印发《关于开展市场准入负面清单（试点版）全面修订工作的通知》，正式启动了《清单草案（试点版）》的修订工作。在总结试点经验基础上，多轮征求各地区、各有关部门意见后，2018 年 12 月，国家发展改革委、商务部印发《市场准入负面清单（2018 年版）》，这标志着市场准入负面清单制度进入全面实施阶段。但相关的准入规定仍需在实践中进一步完善。由此，“市场准入负面清单改革进展评价”指标应评价为 D（全国统一标准，但清单仍然较长），相应的评价得分为 80 分。

另一方面，企业主营业务资产整体上市有序推进。随着兼并重组和整体上市步伐的加快，上市公司已经成为中央企业运营的主体。据统计，中央企业资产的65%、营业收入的61%、利润总额来源的88%都在上市公司[①]。地方层面，围绕地方国企主营业务整体上市，部分省、市也进行了积极推进。例如，上海市继推进企业集团整体上市或核心业务资产上市后，加快了符合整体上市标准的核心资产上市公司调整管理架构的步伐。深圳市粮食集团与深深宝投资有限公司资产重组，实现深粮集团整体上市，开创了我国地方粮食企业整体上市的先例。综合来看，2018 年国企主营业务整体上市虽有进展，但亮点较少，“企业主营业务资产整体上市进展评价”指标应评价为 C（一般），相应的评价得分为 60 分。

3. “两类公司”试点拓展提升

2018 年，国有资本投资公司和运营公司试点工作有了较大进展。2018 年 12 月 28 日，国务院国资委召开 11 家中央企业国有资本投资公司试点启动会，中央国有企业国有资本投资试点再次扩容。更为重要的是，试点企业在扩容的同时，还将加大授权放权力度，同步开展落实董事会职权、推行职业经理人制度等多项改革，打造国有资本投资公司升级版。新增的 11 家试点企业为航空工业集团、国家电投、国机集团、中铝集团、中国远洋海运集团、通用技术集团、华润集团、中国建材、新兴际华集团、中广核、南光集团。

截至 2018 年末，中央企业中“两类公司”试点增至 21 家，占国资委监管的中央企业的比重超过 1/5。各地方国有企业已改组组建国有资本投资、运营公司 89 家。综合分析“‘两类公司’授权试点进展评价”指标应评价为 D（改革试点有突破性的成果），相应的评价得分为 80 分。

① 2019 年 3 月 9 日，国务院国资委就“国有企业改革发展”答记者问。

4. 国有企业管理改革有所加快

一是从建设规范董事会试点及引入外部独立董事制度来看，试点数量不断增加，董事会职权进一步规范和充实。中央企业层面，国务院国资委将把中长期发展决策权、经理层成员选聘权、经理层成员业绩考核权、经理层成员薪酬管理权、职工工资分配管理权、重大财务事项管理权等 6 项权利授予企业董事会①。在中国建材、国药集团、新兴际华集团、中国节能、中广核等 5 家中央企业开展落实董事会职权试点工作。在董事会重大决策合规性审查机制建设中，中央企业的规章制度、经济合同、重要决策 100% 实现了法律审核。地方国有企业层面，全国 32 个省（市、自治区）在国有企业中开展了落实董事会职权的探索。截至 2018 年末，国务院国资委监管的 96 家中央企业中，已有 94 家建立董事会，其中 83 家外部董事占多数。同时，90% 的地方国资委监管企业已建立了董事会。因此，"建立规范董事会试点及引入外部独立董事制度进展评价"指标应评价为 D（试点范围超过 80% 且董事会和外部独立董事作用明显），相应的评价得分为 80 分。

二是从职业经理人制度改革进展来看，国企职业经理人制度改革正在加速推进。中央企业普遍制定了管理人员选拔任用管理办法，明确了以综合考核评价为基础的管理人员选用和退出机制，市场化选聘经营管理人员稳步推进。经理层成员契约化管理和职业经理人制度两项试点在中央企业集团层面开展，中国电科、中化集团、中粮集团、国投、中国建材、中国通号等企业大力推行经理层任期制和契约化管理，企业内活力进一步增强。除了试点企业外，多家中央企业都在不同层级公司开始实施市场化选聘改革。地方层

① 2018 年初，国务院国资委发布"11 家央企 80 位领导人员职务变动"的消息，中央企业总经理、副总经理的人选，由"任命"改为"提名"，即国资委不再委任总经理，而是交由董事会聘任，这可以说是国资委职能转变和董事会职权充实的一个实质性进展。

面，各省（直辖市、自治区）国资委加快探索经理层市场化选聘机制，监管的83家一级企业市场化选聘职业经理人261人。北京、上海、江西、山西等地政府都出台了改革计划，并将市场化选聘和薪酬改革纳入重要组成部分。因此，“推行职业经理人制度进展评价”指标应评价为C（职业经理人数量超过50%且治理成效显现），相应的评价得分为60分。

三是从管理层技术骨干股权激励和员工持股计划进展来看，经过两年试点试验，成效初步显现。股权激励和员工持股是分配机制改革的重大突破，也是激励机制的重大突破。自2016年8月员工持股试点开展以来，中央和地方两个层面均进行了有益的探索，全国共选取了192户企业开展员工持股试点试验。2018年，员工持股试点迎来阶段性总结，为下一步深化改革提供经验借鉴。中央层面来看，10家首批员工持股试点的中央企业子企业[①]已经全部完成首期员工出资入股，共引入外部资金18.3亿元。此外，中央企业还在探索其他各类中长期激励手段，中央企业控股的81家上市公司实施了股权激励，所属科技型企业30个股权和分红激励方案进入实施阶段。因此，“实行管理层技术骨干股权激励和员工持股计划进展评价”应评价为D（两项改革都得到推进且取得一定效果），相应的评分得分为80分。

5. 国有资产管理和监督改革有所突破

一是从国有资本经营预算收入来看，中央企业国有资本经营预算收入1 325.31亿元，为预算的96.3%，同比增长1.6%[②]。年度增幅比参照值（26.53%）降低了24.93个百分点，按照对比打分

① 宁夏神耀科技有限公司、中国电器科学研究院有限公司、欧冶云商股份有限公司、上海泛亚航运有限公司、中国茶叶有限公司、中外运化工国际物流有限公司、中节能大地环境修复有限公司、中材江西电瓷电气有限公司、北京构力科技有限公司、中铁工程设计咨询集团有限公司等。

② 资料来源：财政部《关于2018年中央和地方预算执行情况与2019年中央和地方预算草案的报告》。

法，应在60分的基础上相应降低49.86分。因此，“国有资本经营预算收入年度增幅”指标评价得分为10.14分。

二是从国有资本经营预算编制详细程度看，列示项目得到进一步细化说明。2018年中央国有资本经营预算按照新修订的《中央国有资本经营预算编报办法》编报，预算执行数在2019年国有资本经营预算收入预算表、支出预算表、中央本级国有资本经营预算支出预算表、中央对地方国有资本经营预算转移支付预算表、中央对地方国有资本经营转移支付分地区情况汇总表等报表中予以公开。因此，“国有资本经营预算编制细化程度”指标应评价为D（较好），相应的评价得分为80分。

三是从经营性国有资产集中统一监管的进展看，地方层面的进展历来快于中央层面。云南、江西、内蒙古、山东、黑龙江、广东、河北等地积极推动经营性国有资产统一监管，部分省份更是将金融国资也纳入地方国资委的统一监管。为推进中央层面经营性国有资产集中统一监管，2018年5月11日，中央全面深化改革委员会第二次会议审议通过了《推进中央党政机关和事业单位经营性国有资产集中统一监管试点实施意见》，作为中央层面经营性国有资产集中统一监管的主导性文件。但是，从中央层面的实践看，2018年经营性国有资产集中统一监管试点尚未有重大进展。综合中央和地方整体情况，“经营性国有资产集中统一监管进展评价”指标应评价为C（集中统一监管范围明显扩大），相应的评价得分为60分。

四是从企业国有资产基础管理改革看，相关研究及政策制定进展缓慢。加强企业国有资产基础管理是国有企业改革和国有资产管理的基础性工作，具有较强的理论性和实践性。2018年，企业国有资产基础管理研究工作还在推进之中，《企业国有资产基础管理条例》起草尚未完成。因此，“企业国有资产基础管理制度改革进展评价”指标应评价为B（沿用传统的基础管理制度并开始酝酿基础管理制度改革方案），相应得分为 40 分。

五是从强化人大对国有资产监督职能的履行上看，以国有资产报告为抓手，各级人大及其常委会对国有资产监督职能明显加强，取得突破性进展。《关于建立国务院向全国人大常委会报告国有资产管理情况的制度的意见》出台后，各地纷纷制定本级政府向本级人大常委会报告国有资产管理情况制度，全面推进建立和实施国有资产管理情况报告制度。2018 年 10 月 24 日，十三届全国人大常委会第六次会议审议了《国务院关于 2017 年度国有资产管理情况的综合报告》和《国务院关于 2017 年度金融企业国有资产的专项报告》。这是国务院首次向全国人大常委会报告国有资产“家底”，是国有资产监督改革的重大突破。此外，各省（市、自治区）政府也向本级人大常委会报告国有资产管理情况，相关报告也进行了摘要公布。国有资产报告制度从理论向实践迈出了重要的一步，也引起了媒体、学界和群众的强烈关注。因此，“强化人大对国有资产监督职能的进展评价”指标应评价为 D（人大监督效果显著并实现常态化），相应的评价得分为 80 分。

（二）国企改革经济社会效益评价

1. 国企改革的经济效益

第一，2018 年全社会固定资产投资额 645 675. 00 亿元[①]。其中，国有固定资产投资额为 135 457. 42 亿元，集体固定资产投资额为 6 173. 50 亿元[②]，非公有经济固定资产投资额为 504 044. 08 亿元，全社会非公有经济固定资产投资占全社会固定资产投资的比重为

---

① 资料来源：国家统计局年度数据。

② 国家统计局年度数据按注册登记类型分全社会固定资产投资数据自 2017 年后不再公布绝对数。国有及集体固定资产投资额数据是以 2017 年数据为基础，按照国家统计局月度数据的累计增长计算所得。

78.06%，比参照值（69.86%）高 8.2 个百分点，按照对比打分法，评价得分应再增加 41 分。因此，“全社会非公有经济固定资产投资占全社会固定资产投资的比重”指标的评价得分为 101.00 分。

第二，2018 年度国有企业去产能成效显著。国有企业承担了约 80% 的去钢铁产能任务和 70% 的去煤炭产能任务。2018 年，国有企业承担的钢铁过剩产能化解任务圆满结束。中央企业共化解煤炭过剩产能 1 265 万吨，整合内部煤炭产能 1 亿吨，淘汰落后煤电产能 670 万千瓦。因此，“国有企业去产能改革的经济成效评价”指标应评价为 E（成效显著），相应的评价得分为 100 分。

第三，2018 年全国国有企业利润总额 33 877.7 亿元[①]，同比增长 12.9%。比参照值（11.9%）高 1 个百分点，按照对比打分法，评价得分应增加 2 分。因此，“国有企业利润增长率”指标的评价得分为 62 分。

第四，2018 年全国国有企业税后净利润 24 653.7 亿元[②]，加权平均净资产收益率[③]为 4.3%。该指标相比于参照值（6.18%）降低了 1.88 个百分点，按照对比打分法，应减少 9.40 分。因此，“国有企业净资产收益率（ROE）”指标的评价得分为 50.60 分。

第五，2018 年国有企业资产总额 1 787 482.9 亿元，同比增长 8.4%；负债总额 1 156 474.8 亿元，同比增长 8.1%[④]；资产负债率为 64.7%，比参照值（64.18%）提高 0.52 个百分点，按照对比打分法，评价得分应该减少 2.60 分。因此，“国有企业资产负债率”指标的得分为 57.40 分。

---

① 资料来源：2018 年 1—12 月全国国有及国有控股企业经济运行情况。

② 资料来源：2018 年 1—12 月全国国有及国有控股企业经济运行情况。

③ 该指标采用的是加权平均净资产收益率（ROE）= 净利润 ÷（上年年末所有者权益 + 本年年末所有者权益）÷ 2，财政部在《2018 年 1—12 月全国国有及国有控股企业经济运行情况》公布的国有企业净资产收益率为 3.9%，经计算应为摊薄净资产收益率。

④ 资料来源：2018 年 1—12 月全国国有及国有控股企业经济运行情况。

第六，2018 年全国国有企业所有者权益总额为 631 008.1 亿元，同比增长 9%[①]。比参照值（16.08%）降低了 7.08 个百分点，按照对比打分法，评价得分应减少 14.16 分。因此，“国有企业所有者权益总额增长率”的评价得分为 45.84 分。

第七，2018 年全国国有企业资产总额同比增长 8.4%，比参照值（17.28%）降低 8.88 个百分点，按照对比打分法，评价得分应降低 17.76 分。因此，“国有企业资产总额增长率”指标的评价得分为 42.24 分。

2. 国企改革的社会效应

第一，2018 年全国国有企业应交税金 46 089.7 亿元，同比增长 3.3%[②]，比参照值（6.27%）低 2.97 个百分点，按照对比打分法，评价得分应减少 8.91 分。因此，“国有企业应交税金年度增幅”的评价得分为 51.09 分。

第二，2018 年中央国有资本经营预算收入 1 325.31 亿元，加上结转收入 113.59 亿元，收入总量为 1 438.90 亿元，向一般公共预算划转 321.54 亿元[③]，划转比例为 22.3%[④]，与 2020 年达到 30% 的目标相差 7.7%，比基数 5% 提高了 17.3 个百分点。按照对比打分法，评价得分在 20 分的基础上增加 55.36 分。因此，“国有资本经营预算收入划转一般公共预算的比例”指标的评价得分为 75.36 分。

第三，就 2018 年国有企业进展效果的整体评价来说，“国有企

① 资料来源：2018 年 1—12 月全国国有及国有控股企业经济运行情况。

② 资料来源：2018 年 1—12 月全国国有及国有控股企业经济运行情况。

③ 资料来源：财政部《关于 2018 年中央和地方预算执行情况与 2019 年中央和地方预算草案的报告》。

④ 该指标计算公式为“划转比例 = 年度国有资本经营预算划转额 ÷ 年度国有资本经营预算收入总量”，财政部在《关于 2018 年中央和地方预算执行情况与 2019 年中央和地方预算草案的报告》中公布的划转比例为 25%，经计算较为接近“年度国有资本经营预算划转额 ÷ 年度国有资本经营预算收入”。

业的改革进展效果的评价”指标的评价应为 D（有改革方案且基本落实），相应的评价得分为 80 分。

综上所述，2018 年度国企改革进展及经济社会效应的定量评价综合加权得分为 72.44 分，改革整体进展加快。

2018 年国有企业改革进展及经济社会效应评价指标体系如表 2 所示。

三、国企改革指数

本报告通过定量评价综合加权评分和中国财政科学研究院国企改革指数实现对本轮国企改革的动态评价。具体而言，首先依照国企改革进展及经济社会效应评价体系计算各个年度的定量评价综合加权得分；其次，以 2015 年 12 月 31 日为基准日，以 100 为基点，根据各个年度的定量评价综合加权得分计算本年度的 CSRI 数值。

中国财政科学研究院国企改革指数（CSRI）的计算公式为：

$$\frac{CSRI_i}{CSRI_{2015}} = \frac{T_i}{T_{2015}}$$

2015 年为基准年，其中国财政科学研究院国企改革指数为 100，国企改革进展及经济社会效应的综合加权评价得分为 47.96 分。因此，CSRI 计算公式转换为：

$$\frac{CSRI_i}{100} = \frac{T_i}{47.96}$$

即

$$CSRI_i = \frac{T_i}{47.96} \times 100$$

2018 年国企改革进展及经济社会效应的综合加权评价得分为 72.44 分，由上述公式计算得：

表 2　　2018 年国有企业改革进展及经济社会效应评价指标体系

评价维度		权重（W_1）	评价指标	指标性质	权重（W_2）	评价结果	评价得分（R）	综合得分（$T=R\cdot W_1\cdot W_2$）
国企改革进展	1. 国企改革法律政策的制定及出台情况	13%	1.1 法律法规政策制定和出台进展评价	定性	100%	E	100 分	13.00 分
	2. 混合所有制改革情况	13%	2.1 市场准入负面清单改革进展评价	定性	50%	D	80 分	5.20 分
			2.2 企业主营业务资产整体上市进展评价	定性	50%	C	60 分	3.90 分
	3. “两类公司”试点推进情况	13%	3.1 “两类公司”授权试点进展评价	定性	100%	D	80 分	10.40 分
	4. 国有企业管理改革情况	11%	4.1 建设规范董事会试点及引入外部独立董事制度进展评价	定性	35%	D	80 分	3.08 分
			4.2 推行职业经理人制度进展评价	定性	35%	C	60 分	2.31 分
			4.3 实行管理层技术骨干股权激励和员工持股计划进展评价	定性	30%	D	80 分	2.64 分
	5. 国有资产管理和监督改革情况	10%	5.1 国有资本经营预算收入年度增幅	定量	25%	1.60%	10.14 分	0.25 分
			5.2 国有资本经营预算编制细化程度	定性	10%	D	80 分	0.80 分
			5.3 经营性国有资产集中统一监管进程评价	定性	10%	C	60 分	0.60 分
			5.4 企业国有资产基础管理改革进展评价	定性	30%	B	40 分	1.20 分
			5.5 强化人大对国有资产监督职能的进展评价	定性	25%	D	80 分	2.00 分

续表

评价维度		权重（W_1）	评价指标	指标性质	权重（W_2）	评价结果	评价得分（R）	综合得分（$T = R \cdot W_1 \cdot W_2$）
经济社会效应	6. 经济效应	25%	6.1 全社会非公有经济固定资产投资占全社会固定资产投资的比重	定量	15%	78.06%	101.00 分	3.79 分
			6.2 国有企业去产能改革的经济成效评价	定性	15%	E	100 分	3.75 分
			6.3 国有企业利润增长率	定量	13%	12.90%	62 分	2.02 分
			6.4 国有企业净资产收益率	定量	14%	4.30%	50.60 分	1.77 分
			6.5 国有企业资产负债率	定量	15%	64.70%	57.40 分	2.15 分
			6.6 国有企业所有者权益总额增长率	定量	15%	9.00%	45.84 分	1.72 分
			6.7 国有企业资产总额增长率	定量	13%	8.40%	42.24 分	1.37 分
	7. 社会效应	15%	7.1 国有企业应交税金年度增幅	定量	30%	3.30%	51.09 分	2.30 分
			7.2 国有资本经营预算收入划转一般公共预算比例	定量	30%	22.30%	75.36 分	3.39 分
			7.3 国有企业的改革进展效果的评价	定性	40%	D	80 分	4.80 分
评价结果		100%						72.44 分

注：综合绩效评价得分 72.44 分为计算后四舍五入得出。

$$CSRI_{2018} = \frac{T_{2018}}{47.96} \times 100 = \frac{72.44}{47.96} \times 100 = 151.04$$

国企改革进展及经济社会效应进行定量评价的综合加权得分从2015年的47.96分到2018年的72.44分，CSRI从2015年的基点100点到2018年的151.04点，国有企业改革从进展较慢到不断加快改革进程，且成效逐年凸显，充分说明国有企业改革的推进尤其是改革成效显现的过程，在此过程中，体制改革的实质性推进和落地是加速改革的重要因素。打破传统计划思维，以市场化机制激活国有经济发展的巨大潜力必须从管企业转向管资本为主，通过国有资本做强做优做大，打造具有全球竞争力的一流企业，进而全面提升国有经济的活力、控制力、影响力和抗风险能力。

中国2019年国有企业改革评价及国企改革指数

2019年的国企改革在“闯关突破”与“优化落实”中推进，授权放权与激活微观是鲜明的特征。对2019年度国企改革进展及经济社会效应进行定量评价的综合加权得分为74.60分，计算得CSRI为155.55，国企改革总体进程继续向前推进，但相对速度放缓。说明改革越往后越艰难，成效越不容易显现。

一、2019年国企改革定性评价

（一）突破与落实是贯穿全年改革的主线

2019年是本轮国企改革的倒数第二年，时间节点关键。上年度的大量部署要承接，重在落实；下年度收官任务在倒逼，必须突破。

一方面，混合所有制改革、“双百行动”、市场准入负面清单、兼并重组、解决历史遗留问题等政策措施不断优化调整，清晰了模糊地带、松绑了制约瓶颈，已有的改革任务在不断落实，有的已经基本完成。另一方面，国有资本授权经营体制改革、授权放权清单、“管企业”向“管资本”职能转变、强化激励机制、提升科技型企业自主创新能力等在突破中前行。尤其是，改革国有资本授权经营体制方案及配套政策是党的十八届三中全会提出改革国有资本授权经营体制后迈出的最具有实质意义的一步。但是，完善中国特色现代企业制度、打造世界一流企业、构建国资监管大格局等还需探索努力，一些改革的难点问题依然进展较慢。在收官之年，2020年的改革任务依然繁重。

（二）中央地方两个层面的改革积极主动

2019 年中央和地方两个层面的国企改革均有所突破，改革的主动性和积极性明显提升，在“1 + N”顶层设计框架下，既落实已有方案，又谋求新的进展。中央层面，国有资本授权经营体制得到关键突破，国资委授权放权力度加大，国资监管的规范制度框架基本健全①，以管资本为主加快国有资产监管职能转变的基础更牢、步伐更快，中央企业负责人经营业绩考核办法再次修订，中央企业混合所有制改革操作指引更加明确。地方层面，改革从单点到综合推进转换，区域性综改试验启动，并打破“属地”政策管理原则②。上海、深圳“区域性国资国企综合改革试验”和沈阳国资国企重点领域和关键环节改革专项工作依次启动。央地共进的“双百企业”综合性改革创新力度进一步加大，“双百九条”③ 释放出更具针对性、可操作性的政策红利。

---

① 截至 2019 年 10 月，国务院国资委现行有效规章 27 件、规范性文件 207 件。

② 综改试验期间，上海、深圳、沈阳的国企改革有关政策不局限于适用本地国有企业，对于驻三地的中央企业和其他地区国有企业根据综合改革需要，也允许参照执行。

③ “双百九条”即《关于支持鼓励“双百企业”进一步加大改革创新力度有关事项的通知》（国资改办〔2019〕302 号），共有九条措施，主要是解决“双百企业”综合性改革实施一年来遇到的一些共性和政策瓶颈问题。

（三）深化国企改革政策在优化中落实

2019 年国企改革继续攻坚难点重点，并取得良好效果。以前年度的政策，尤其是 2018 年出台的一些重大政策和行动，根据实践中的问题进行优化完善；2019 年新出台的改革部署也全面启动落地。“双百行动”获得更大创新支持，成员已增至 448 个[①]，成效明显并产生辐射带动效应。截至 2019 年末，中央企业所属“双百企业”的改革任务完成过半，达到 55.1%；本级企业层面开展混合所有制改革超四成，子企业层面超六成。经营性国有资产集中统一监管在多地全面启动，部分省、市即将全面实现市县经营性国有资产全面纳入统一监管体系[②]。国有企业兼并重组步伐加快，中央企业完成 2 组 4 家企业战略性重组，油气管网资产实现专业化整合，中国宝武集团与安徽马钢集团实现“央地重组”。10 家中央企业员工持股试点子企业全部完成出资入股，地方层面试点企业也完成首批出资入股。35 项授权放权事项列入《国务院国资委授权放权清单（2019 年版）》，董事会、经理层、集团子公司层层松绑。

但是，2019 年的改革也有一些领域不及预期。如中央企业国有资本投资公司和国有资本运营公司试点未能扩容；中央层面的经营性国有资产集中统一监管进展缓慢；混合所有制改革“混”多“改”少，以“混”代“改”问题依然存在；主营业务资产整体上市数量不多；企业国有资产基础管理立法面临诸多困难；授权放权实际力度不够，企业行权能力建设需要提升；股权激励、员工持股、职业经理人制度等激励机制覆盖面不大；部分“双百企业”改革任务不明、台账模糊等问题依然是改革需要继续啃的“硬骨头”。

① 截至 2020 年 4 月 23 日的数据。

② 截至 2020 年 4 月初，山东省 16 市 179 个县区（含各类功能区）所属经营性国有资产集中统一监管任务已完成，率先在全国实现将市、县两级的经营性国有资产全面纳入统一监管体系。

（四）国企改革对经济转型和社会文明的引领作用较强

1. 引领经济转型方面

一是资产负债率持续下降。截至2019年末，全国国有及国有控股企业资产负债率63.9%，较年初降低0.8个百分点。2019年全年，国务院国资委监管的中央企业年末平均资产负债率为65.1%，较年初下降0.6个百分点，较2017年初下降1.6个百分点。二是企业效益提升。2019年，全国国有及国有控股企业营业总收入62.6万亿元，同比增长6.9%；利润总额3.6万亿元，同比增长4.7%。全年，国务院国资委监管的中央企业营业收入和净利润分别同比增长5.6%和10.8%。23家中央企业净利润增幅超过20%。三是增长贡献提高。2019年，国务院国资委监管的中央企业累计上交税费2.2万亿元，同比增长3.6%。电信企业流量资费降费约4 600亿元，平均资费降幅超30%；电网企业降低社会用电成本530亿元，一般工商业电价比年初降低10%。但是，全年国有及国有控股企业应交税费4.6万亿元，微降0.7%。

2. 引领社会文明进步方面

一是引领社会责任履行。国有企业“100强”社会责任发展指数连续11年领先民营与外资企业，2019年提升至54.6分，分别大幅领先民营企业“100强”28.6分和外资企业“100强”36.7分[①]。67家中央企业完成向社保基金划转股权工作，累计划转1.1万亿元，基本完成社保基金划转工作任务。二是助力脱贫攻坚和污染防治。中央企业结对帮扶国家扶贫开发工作重点县246个，占比42%，绝大多数贫困县已经脱贫[②]；各类帮扶点超1万个。中央企

① 资料来源：中国社会科学院企业社会责任研究中心．企业社会责任蓝皮书（2019）．

② 截至2020年3月，246个中央企业帮扶贫困县中，219个县宣布脱贫或正在检查验收。

业污染物排放量降幅已经提前完成“十三五”规划目标。三是加快解决历史遗留问题。截至 2019 年末，全国厂办大集体改革完成七成，共计 1.3 万户；安置职工 140.2 万人，完成率 75.1%，超额完成年度目标任务。中央企业“三供一业”、医疗、教育机构和市政社区分离移交任务完成了 98% 以上，解决历史遗留问题取得实质性的进展。各地积极探索国有企业社会职能分离移交工作的经验和多样化路径。

二、国企改革的定量评价

通过定量综合加权评分，2019 年国企改革得分是 74.60 分，较 2018 年提高 2.16 分，相关改革持续推进，新的改革举措不断释放，改革成效逐步显现。

（一）国企改革进展评价

1. 国企改革顶层设计在突破和细节上双用力

2019 年，是本轮国企改革的倒数第二年，“1 + N”顶层设计政策文件体系进一步丰富和完善。一方面，国有资本授权经营体制改革、股权激励、业绩考核等制度上的重要关隘得到突破；另一方面，混合所有制改革操作、“双百企业”创新等实操上的关键细节更加明确。如国务院《改革国有资本授权经营体制方案》重磅出台，国资委授权放权清单（2019 版）随即跟进。从国资委令第 2 号，到国资委令第 40 号，中央企业负责人经营业绩考核办法历经 4 次修改完善。地方层面的政策体系也各具特色、不断完善。如四川省在省级层面形成“1 + 31”政策体系，指导各地企业累计制定实施方案超过 1 000 个。北京市构建“1 + 31”政策体系和“1 + 14”高质量发展政策体系。综合来看，“法律法规政策制定和出台进展评价”指标应评价为 E（很好），相应的评价得分为 100 分。2019 年出台的部分国资国企改革政策文件如表 1 所示。

表 1　2019 年出台的部分国资国企改革政策文件

序号	文件名称	发文部门或文号	发文时间
1	《中央企业负责人经营业绩考核办法》	国务院国资委令第 40 号	2019 年 3 月 1 日
2	《国务院关于印发改革国有资本授权经营体制方案的通知》	国发〔2019〕9 号	2019 年 4 月 19 日
3	关于印发《国务院国资委授权放权清单（2019 年版）》的通知	国务院国资委	2019 年 6 月 3 日
4	《关于进一步做好中央企业控股上市公司股权激励工作有关事项的通知》	国资发考分规〔2019〕102 号	2019 年 10 月 24 日
5	《关于支持鼓励“双百企业”进一步加大改革创新力度有关事项的通知》	国资改办〔2019〕302 号	2019 年 6 月
6	《关于印发〈中央企业混合所有制改革操作指引〉的通知》	国资产权〔2019〕653 号	2019 年 10 月 31 日
7	《关于印发〈国务院国资委关于以管资本为主加快国有资产监管职能转变的实施意见〉的通知》	国资发法规〔2019〕114 号	2019 年 11 月 7 日
8	《关于进一步推动构建国资监管大格局有关工作的通知》	国资发法规〔2019〕117 号	2019 年 11 月 8 日
9	《百户科技型企业深化市场化改革提升自主创新能力专项行动方案》	国务院国有企业改革领导小组办公室	2019 年 12 月

2. 混合所有制改革加速推进

2019 年，160 家第四批国有企业混合所有制改革试点企业确定，资产总量超过 2.5 万亿元。2019 年全年，中央企业各级子企业新增混合所有制企业超过 1 000 家，引入社会资本超过 1 500 亿元。截至 2019 年末，中央企业混改比例达到 70%，相比 2012 年提高了 20%，并且 70% 的混改企业利润获得了较大增长[①]。地方国企混改也积极

① 资料来源：中国国有经济研究中心《2019 中国国有经济发展报告》。

推进，混合所有制企业家数接近一半，占比达到 49%，较 2018 年提高了 3.1 个百分点。上海混合所有制企业占市国资委监管企业户数超 73%，深圳这一比重超过 83%。当然，也有进展缓慢的地区，如沈阳市则不足 60%。

继 2018 年市场准入负面清单制度全面实施后，2019 年负面清算进一步修订压减和整合。《市场准入负面清单（2019 版）》共列入事项 131 项，较 2018 版压减 20 项，压减比例 13%。除了缩减清单长度，2019 版清单还针对 2018 版施行中的问题，优化了清单框架结构，减少了管理措施，清单的严肃性、权威性和统一性得到提升。如，2019 版负面清单加大了全国性清单整合力度，取消各地区自行编制发布的市场准入类清单 23 个，产业结构、政府投资、互联网、主体功能区等全国性市场准入类管理措施全部纳入一张清单。在优化使用方面，2019 版清单新增“事项编码”和“主管部门”两栏，依托全国一体化在线政务服务平台，赋予每个事项唯一识别代码，并公布主管部门，清单使用更加统一透明。由此，“市场准入负面清单改革进展评价”指标应评价为 E（全国统一标准且清单逐渐缩短），相应的评价得分为 100 分。

2019 年战略性重组与专业化整合进展加快。7 月，中国保利集团与中国丝路集团实施重组，10 月中国船舶工业集团（中船工业）与中国船舶重工集团（中船重工）战略性重组①。中国安能建设总公司完成公司制改制，挂牌中国安能建设集团有限公司，本轮改革中的唯一“军转企”单位转隶改革圆满完成。分属于中国石油、中国石化、中国海油的油气管网资产实现专业化整合，组建国家石油天然气管网公司。截至 2019 年底，国务院国资委监管的中央企业为

① 中船工业与中船重工下属 8 家上市公司、38 家科研院所，超过 8 000 亿元资产规模在分离 20 年后，于 2019 年 10 月 25 日联合重组为中国船舶集团。

96家，较党的十八大前减少20家。与兼并重组相比，央地国企在主营业务资产整体上市方面亮点不多，较为缓慢。山西汾酒集团酒类资产全部注入上市公司，实现山西省国企整体上市“零突破”；上海市提出3年内完成竞争类国有企业整体上市或核心业务资产上市。因此，“企业主营业务资产整体上市进展评价”指标应评价为C（一般），相应的评价得分为60分。

3. “两类公司”试点授权放权增加但扩容有限

国有资本投资公司和国有资本运营公司是实现从“管企业”到“管资本”转变的重要抓手。2019年，《国务院国资委授权放权清单（2019年版）》印发实施，中央企业“两类公司”授权放权增加，这是本年度的重要突破。但是在数量上，中央企业“两类公司”试点依然是21家，未能进一步扩容。各地方“两类公司”改革试点也有所进展。截至2019年8月，36家国资委改组组建“两类公司”已增至142家，较2018年底扩容20家。2019年11月，甘肃省出台“两类公司”改革试点方案，确定3家国有资本投资公司试点企业和1家国有资本运营公司试点企业。10月，黑龙江省印发“两类公司”改革试点方案。因此，“‘两类公司’授权试点进展评价”指标应评价为D（改革试点有突破性的成果），相应的评价得分为80分。

4. 国有企业管理改革有所加快

“双百企业”是国有企业改革的“先头兵”，是检验国有企业改革成效的“试金石”。截至2020年4月，“双百企业”名单企业已调整、扩容至448家，其中中央企业所属“双百企业”262家，地方国有企业所属“双百企业”186家。通过“双百企业”来观察国有企业改革进展是一个重要窗口。

一是从建设规范董事会试点及引入外部独立董事制度来看，试点数量未再增加，但董事会职权进一步规范和充实。2019年，中央

企业公司章程指引、外部董事选聘和管理办法等制定出台，董事会建设得到加强，中央企业中建立规范董事会的已有 83 家。2019 年，国务院国资委为 40 家中央企业选配外部董事 76 人次。从中央企业所属“双百企业”的情况看，企业本级层面设立董事会的超过八成，占 82.5%；其中董事会获得中长期发展决策权、经理层成员选聘权、业绩考核权、薪酬管理权、职工工资分配权、重大财务事项管理权等重要职权的占 26.1%；获得上述两项以上职权的超过一半，达 57.6%。因此，“建立规范董事会试点及引入外部独立董事制度进展评价”指标应评价为 D（试点范围超过 80% 且董事会和外部独立董事作用明显），相应的评价得分为 80 分。

二是从职业经理人制度改革进展来看，2019 年，国务院国资委酝酿建立职业经理人制度，并在中央二级企业及地方国有企业中扩大试点。“双百九条”也要求各中央企业和地方国资委要指导推动“双百企业”全面推行经理层成员任期制和契约化管理。但是，实践效果尚未达到预期。地方省、市层面都有一些新的试点落地。北京市已在 14 家二级市管国有企业开展职业经理人制度试点。天津市明确将全面推行职业经理人制度和聘任制，各市管国有企业也纷纷在所属二、三级公司推行经理层聘任制改革；河南省在 4 家企业开展首批市场化选聘高级经营管理者。河北省邢台市选择 1 家地方国有企业二级子公司开展首批职业经理人制度试点。从中央企业所属“双百企业”情况看，截至 2019 年末，企业本级层面推行经理层成员任期制和契约化管理的有 45.9%，开展职业经理人选聘的有 22.2%；子企业层面上述两项改革的比例分别为 45.1% 和 33.1%。因此，“推行职业经理人制度进展评价”指标应评价为 C（职业经理人治理成效显现），相应的评价得分为 60 分。

三是从管理层技术骨干股权激励和员工持股计划进展来看，制度约束进一步放松，激励导向更加明显。2019 年 10 月，《关于进一步做好中央企业控股上市公司股权激励工作有关事项的通知》发布，在科学制定股权激励计划、完善股权激励业绩考核、支持科创板公司实施股权激励、健全股权激励管理体制等方面进行了完善，放宽授权、加大激励。如，科技创新型上市公司首次实施股权激励计划授予的股票数量从总股本的1%提高至3%。“双百九条”允许科研、设计和高新技术类“双百企业”的科技人员持有子企业股权，改变了员工持股不能“上持下”的状况。2019年，新增11家中央企业控股上市公司实施股权激励计划。从中央企业所属“双百企业”看，截至2019年末，实施国有控股上市公司股权激励的有19%，实施国有科技型企业股权和分红激励的有18%，实施国有控股混合所有制企业员工持股的有27%，还有42%的企业通过其他方式建立了中长期激励机制。因此，“实行管理层技术骨干股权激励和员工持股计划进展评价”应评价为D（两项改革都得到推进且取得一定效果），相应的评分得分为80分。

5. 国有资产管理和监督改革有所突破

一是从国有资本经营预算收入来看，中央国有资本经营预算收入1 635.93亿元，为预算的99.9%，同比增长23.3%[①]。年度增幅比参照值（26.53%）降低了3.23个百分点，按照对比打分法，相应的应在60分的基础上降低6.46分。因此，“国有资本经营预算收入年度增幅”指标评价得分为53.54分。

二是从国有资本经营预算编制详细程度看，新增中央对地方国有资本经营转移支付分地区情况汇总表，并搭建公开平台。与2018年相比，2019年国有资本经营预算公开表由4张表和1个说明增加至5张表和1个说明，除原有收入预算表、支出预算表、中央本级

① 资料来源：财政部《关于2019年中央和地方预算执行情况与2020年中央和地方预算草案的报告》。

国有资本经营支出预算表、中央对地方国有资本经营转移支付预算表外，新增中央对地方国有资本经营转移支付分地区情况汇总表等报表。同时，财政部官方网站专门设置中央预决算公开平台。因此，“国有资本经营预算编制细化程度”指标应评价为 D（较好），相应的评价得分为 80 分。

三是从经营性国有资产集中统一监管的进展看，省、市、县各级经营性国有资产集中统一监管全面铺开，对经营性国有资产的监测大数据水平提升，但中央层面依然进展缓慢。2019 年，辽宁省除部分金融文化企业外，经营性国有资产集中统一监管基本完成；山东省全面完成市属经营性国有资产集中统一监管；河北省确定 209 家省直部门所属企业集中统一监管改革方式，省级经营性国有资产集中统一监管全面启动；四川省确定分两步走，在 2021 年全面推开省级经营性国有资产集中统一监管；西安市力争 2020 年 1 月全面实现市属经营性国有资产集中统一监管。在经营性国有资产监测上，各地也探索出不少经验。浙江省建立了全省统一、全覆盖的经营性国有资产统计监测体系，构建监测大数据平台；北京市以国资监管业务全景图和数据视图为主线，汇聚 1.4 万项国资监管数据。但是，中央党政机关和事业单位经营性国有资产集中统一监管试点依然进展较慢。综合中央和地方整体情况，“经营性国有资产集中统一监管进展评价”指标应评价为 C（集中统一监管范围明显扩大），相应的评价得分为 60 分。

四是从企业国有资产基础管理改革看，相关研究及政策制定进展依然缓慢。加强企业国有资产基础管理是国有企业改革和国有资产管理的基础性工作，2019 年在《改革国有资本授权经营体制方案》实施后，加强国有资产基础管理将更为迫切。但是，企业国有资产基础管理研究工作还在推进之中，《企业国有资产基础管理条例》起草尚未完成。因此，“企业国有资产基础管理制度改革进展评价”指标应评价为 B（沿用传统的基础管理制度并开始酝酿基础管理制度改革方案），相应得分为 40 分。

五是从强化人大对国有资产监督职能的履行上看，以国有资产报告为抓手实施的国有资产监督更加有力，战略谋划和监督细节更为深入，监督越来越求实，越来越受重视。2019 年 4 月，《十三届全国人大常委会贯彻落实〈中共中央关于建立国务院向全国人大常委会报告国有资产管理情况制度的意见〉五年规划（2018—2022）》审议通过，提出经过 5 年努力，全面摸清国有资产家底，厘清国有资产管理体制机制，建立健全国有资产管理情况报告和监督制度；10 月，十三届全国人大常委会第十四次会议审议国务院关于 2018 年度国有资产管理情况的综合报告，并听取审议了 2018 年度全国行政事业性国有资产管理情况专项报告，提出规范报告内容、建立指标体系、拓展监督环节、实现国有资产监督与预算审查监督衔接等建议。6 月，全国人大常委会预算工委还加强对地方指导，推动建立国有资产管理情况报告制度工作向地方延伸。因此，“强化人大对国有资产监督职能的进展评价”指标应评价为 D（人大监督效果显著并实现常态化），相应的评价得分为 80 分。

（二）国企改革经济社会效益评价

1. 国企改革的经济效益

第一，2019 年全社会固定资产投资额 560 874.3 亿元[①]。其中，国有固定资产投资额为 133 154.6 亿元，集体固定资产投资额为 6 278.4 亿元[②]，计算非公有经济固定资产投资额为 421 440.9 亿

① 资料来源：国家统计局年度数据。

② 国家统计局年度数据按注册登记类型分全社会固定资产投资数据自 2017 年后不再公布绝对数，国有及集体固定资产投资额数据是以 2017 年数据为基础，按照国家统计局月度数据的累计增长计算所得。

元，非公有经济全社会固定资产投资占全社会固定资产投资的比重为75.14%，比参照值（69.86%）高5.28个百分点，按照对比打分法，评价得分应再增加26.4分。因此，“全社会非公有经济固定资产投资占全社会固定资产投资的比重”指标的评价得分为86.4分。

第二，国有供给侧结构性改革持续深化，去产能成效突出。2019年，中央企业钢铁、煤炭去产能任务全面完成；压减存量法人超1.4万户，压减比例26.9%，压减任务提前、超额完成。因此，“国有企业去产能改革的经济成效评价”指标应评价为E（成效显著），相应的评价得分为100分。

第三，2019年全国国有企业利润总额35 961.0亿元[①]，同比增长4.7%。比参照值（11.9%）低7.2个百分点，按照对比打分法，评价得分应减少14.4分。因此，“国有企业利润增长率”指标的评价得分为45.6分。

第四，2019年全国国有企业税后净利润26 318.4亿元[②]，加权平均净资产收益率[③]为3.8%。由于公开数据变动，该指标为估算值。具体估算方法为，按照财政部公布的月度国有及国有控股企业经济运行情况数据，计算2016年至2018年每个年度年末全国国有企业负债总额环比同年度上半年末负债总额的增速，取增速均值为4.74%；继而以2019年6月末负债总额1 257 984.6亿元为基础，按照4.74%的增速，估算2019年末全国国有企业负债总额为1 317 561.5亿元；进一步，按照公布的2019年末全国国有企业资产负债率63.9%，估算全国国有企业所有者权益总额为741 350.1

① 资料来源：2019年1—12月全国国有及国有控股企业经济运行情况。

② 资料来源：2019年1—12月全国国有及国有控股企业经济运行情况。

③ 该指标采用加权平均净资产收益率（ROE）=净利润/(上年年末所有者权益+本年年末所有者权益)/2。

亿元；最后，按照加权平均净资产收益率计算公式计算得出的值为3.8%。该指标相比于参照值（6.18%）降低了2.38个百分点，按照对比打分法，应减少11.90分。因此，“国有企业净资产收益率（ROE）”指标的评价得分为48.10分。

第五，2019年末，全国国有企业资产负债率为63.90%[①]，比参照值（64.18%）降低了0.28个百分点，按照对比打分法，评价得分应该增加1.4分。因此，“国有企业资产负债率”指标的得分为61.40分。

第六，2019年末，全国国有企业所有者权益总额为744 350.10亿元，同比增长17.96%。比参照值（16.08%）提高了1.88个百分点，按照对比打分法，评价得分应增加3.76分。因此，“国有企业所有者权益总额增长率”的评价得分为63.76分。

第七，2019年全国国有企业资产总额为2 061 911.60亿元，同比增长15.35%[②]，比参照值（17.28%）降低1.93个百分点，按照对比打分法，评价得分应降低3.86分。因此，“国有企业资产总额增长率”指标的评价得分为56.14分。

2. 国企改革的社会效应

第一，2019年全国国有企业应交税费46 096.3亿元，同比下降0.7%[③]，比参照值（6.27%）低6.97个百分点，按照对比打分法，评价得分应减少20.91分。因此，“国有企业应交税金年度增幅”的评价得分为39.09分。

第二，2019年中央国有资本经营预算收入1 635.93亿元，加上结转收入6.7亿元，收入总量为1 642.63亿元，向一般公共预算划

① 资料来源：2019年1—12月全国国有及国有控股企业经济运行情况。

② 该数据为估算值，估算以全国国有企业负债总额为基础，通过资产负债率推算资产总额，进而计算增速。

③ 资料来源：2019年1—12月全国国有及国有控股企业经济运行情况。

转 389.77 亿元[①]，划转比例为 23.73%[②]，与 2020 年达到 30% 的目标相差 6.27%，比基数 5% 提高了 18.73 个百分点。按照对比打分法[③]，评价得分在 20 分的基础上增加 59.94 分。因此，"国有资本经营预算收入划转一般公共预算的比例"指标的评价得分为 79.94 分。

第三，就 2019 年国有企业进展效果的整体评价来说，虽然部分领域改革还是较慢，但改革的总体进展有所加快，改革的成效较为明显。因此，"国有企业的改革进展效果的评价"指标的评价应为 D（有改革方案且基本落实），相应的评价得分为 80 分。

综上所述，2019 年度国企改革进展及经济社会效应的定量评价综合加权得分为 74.60 分，改革整体进展向前推进，但相对速度放缓。

2019 年国有企业改革进展及经济社会效应评价指标体系如表 2 所示。

三、国企改革指数

本报告通过定量评价综合加权评分和中国财政科学研究院国企改革指数实现对本轮国企改革的动态评价。具体而言，首先依照国企改革进展及经济社会效应评价体系计算各个年度的定量评价综合加权得分；其次，以 2015 年 12 月 31 日为基准日，以 100 为基点，根据各个年度的定量评价综合加权得分计算本年度的 CSRI 数值。

---

① 资料来源：财政部《关于 2019 年中央和地方预算执行情况与 2020 年中央和地方预算草案的报告》。

② 该指标计算公式为：划转比例 = 年度国有资本经营预算划转额/年度国有资本经营预算收入总量。财政部在《关于 2019 年中央和地方预算执行情况与 2020 年中央和地方预算草案的报告》中公布的划转比例为 28%，经计算较为接近年度国有资本经营预算划转额/（年度国有资本经营预算支出 + 国有资本经营预算划转额 - 下年结转支出）。

③ 以 5% 为参照，在 20 分的基础上，划转比例每提升 1%，则增加 3.2 分；划转比例提升至 30%，则评价得分达到 100 分。

表 2　2019 年国有企业改革进展及经济社会效应评价指标体系

评价维度		权重（W_1）	评价指标	指标性质	权重（W_2）	评价结果	评价得分（R）	综合得分（$T = R \cdot W_1 \cdot W_2$）
国企改革进展	1. 国企改革法律政策的制定及出台情况	13%	1.1 法律法规政策制定和出台进展评价	定性	100%	E	100 分	13.00 分
	2. 混合所有制改革情况	13%	2.1 市场准入负面清单改革进展评价	定性	50%	E	100 分	6.50 分
			2.2 企业主营业务资产整体上市进展评价	定性	50%	C	60 分	3.90 分
	3. “两类公司”试点推进情况	13%	3.1 “两类公司”授权试点进展评价	定性	100%	D	80 分	10.40 分
	4. 国有企业管理改革情况	11%	4.1 建设规范董事会试点及引入外部独立董事制度进展评价	定性	35%	D	80 分	3.08 分
			4.2 推行职业经理人制度进展评价	定性	35%	C	60 分	2.31 分
			4.3 实行管理层技术骨干股权激励和员工持股计划进展评价	定性	30%	D	80 分	2.64 分
	5. 国有资产管理和监督改革情况	10%	5.1 国有资本经营预算收入年度增幅	定量	25%	23.30%	53.54 分	1.34 分
			5.2 国有资本经营预算编制细化程度	定性	10%	D	80 分	0.80 分
			5.3 经营性国有资产集中统一监管进程评价	定性	10%	C	60 分	0.60 分
			5.4 企业国有资产基础管理改革进展评价	定性	30%	B	40 分	1.20 分
			5.5 强化人大对国有资产监督职能的进展评价	定性	25%	D	80 分	2.00 分

续表

评价维度		权重（W_1）	评价指标	指标性质	权重（W_2）	评价结果	评价得分（R）	综合得分（$T = R \cdot W_1 \cdot W_2$）
经济社会效应	6. 经济效应	25%	6.1 全社会非公有经济固定资产投资占全社会固定资产投资的比重	定量	15%	75.14%	86.40 分	3.24 分
			6.2 国有企业去产能改革的经济成效评价	定性	15%	E	100.00 分	3.75 分
			6.3 国有企业利润增长率	定量	13%	4.70%	45.60 分	1.48 分
			6.4 国有企业净资产收益率	定量	14%	3.80%	48.10 分	1.68 分
			6.5 国有企业资产负债率	定量	15%	63.90%	61.40 分	2.30 分
			6.6 国有企业所有者权益总额增长率	定量	15%	17.96%	63.76 分	2.39 分
			6.7 国有企业资产总额增长率	定量	13%	15.35%	56.14 分	1.82 分
	7. 社会效应	15%	7.1 国有企业应交税金年度增幅	定量	30%	-0.70%	39.09 分	1.76 分
			7.2 国有资本经营预算收入划转一般公共预算比例	定量	30%	23.73%	79.94 分	3.60 分
			7.3 国有企业的改革进展效果的评价	定性	40%	D	80.00 分	4.80 分
评价结果		100%						74.60 分

注：综合绩效评价得分 74.60 分为计算后四舍五入得出。

中国财政科学研究院国企改革指数（CSRI）的计算公式为：

$$\frac{CSRI_i}{CSRI_{2015}} = \frac{T_i}{T_{2015}}$$

2015 年为基准年，其中国财政科学研究院国企改革指数为 100，国企改革进展及经济社会效应的综合加权评价得分为 47.96 分。因此，CSRI 计算公式转换为：

$$\frac{CSRI_i}{100} = \frac{T_i}{47.96}$$

即

$$CSRI_i = \frac{T_i}{47.96} \times 100$$

2019 年国企改革进展及经济社会效应的综合加权评价得分为 74.60 分，由上述公式计算得：

$$CSRI_{2019} = \frac{T_{2019}}{47.96} \times 100 = \frac{74.60}{47.96} \times 100 = 155.55$$

国企改革进展及经济社会效应进行定量评价的综合加权得分从 2015 年的 47.96 分到 2019 年的 74.60，CSRI 从 2015 年的基点 100 点到 2019 年的 155.55 点，国有企业改革在持续推进，新的改革举措不断释放、改革成效不断显现。但是，虽然 2019 年改革指数较 2018 年有所提升，但幅度相较于以往年度减小。这充分说明，改革越往后越艰难，成效不能很快显现。

2020 年“两会”《政府工作报告》把“提升成效”作为下一步国资国企改革的主基调，一方面反映出前期改革为下一步改革成效提升奠定了良好基础；另一方面，充分释放出国资国企改革将全面向更深层次、更实环节发力，从“重速度”向“重质量”转变、从“重制度建设”向“重行动效果”转变、从“重单体改革”向“重综合系统改革”推进。提升国资国企改革成效归根结底要聚焦前期

改革的难点、堵点而综合系统发力。这些难点、堵点有的是思想认识层面的，有的是体制机制层面的，还有实际操作层面的。解决这些问题的根本路径是“市场化改革”。为此，国资国企改革成效的提升必须深入贯彻“市场化”改革思维，以管资本为主继续深化国资监管体制改革，依托国有资本授权经营，实现混改从“表面混”向“实际改”的迈进，实现国有企业从“行政化管理”向“市场化经营”的彻底归位，实现国有资本专业化运营与国有企业专心主责主业经营相互分开并互相协同支撑。依托强化流动、优化结构、高度聚集的国有资本，着力打造更多具有全球竞争力的世界一流企业，进而为国有资本保值增值能力的更大提升奠定强大的实体经济支撑。

中国2020年国有企业改革评价及国企改革指数

作为本轮深化国企改革的收官之年，2020年的国企改革在从试点先行转向全面推进，并以“国企改革三年行动”开启新一轮国企改革热潮。对2020年度国企改革进展及经济社会效应进行定量评价的综合加权得分为77.33分，计算得CSRI为161.24。

一、2020年国企改革定性评价

（一）承上启下谋求突破再开新篇章

在《中共中央、国务院关于深化国有企业改革的指导意见》中，对本轮深化国企改革到2020年的成效设定了明确目标。从改革成果看，截至2020年末，国企改革取得一系列明显成效，改革任务完成较好。但是，国企改革的步伐并未停止，总结前期经验、聚焦未解难题，以国企改革三年行动为标志，国企改革又开启新的篇章。

对照本轮深化国企改革的目标，大部分的目标得以实现，一些重要领域和关键环节取得实质性成效，但也有部分改革进展较慢。

一是公司制改革基本完成，国有企业办社会和历史问题总体解决，混合所有制改革加快，国有企业法人治理结构进一步完善。二是经营性国有资产集中统一监管覆盖面超九成，“两类公司”试点不断推进，以管资本为主加强国有资产监管体制正在形成，人大履行国有资产监管职责法律制度更加健全、手段方法更为充足。三是国有资本配置效率提高，去产能任务圆满完成，企业层级进一步压缩，重组整合力度较大，国有经济布局和结构进一步优化，国企对经济社会的引领和表率作用较好。四是国企党建全面加强，国企党组织在公司治理中的地位提升。

但是，全民所有制企业公司制改革并未全部完成①，经营性国有资产还没有实现集中统一监管，国有企业在治理、用人、激励的市场化机制方面改革尚待进一步推进，国企董事会职权还需放权和发挥作用，企业国有资产基础管理制度还不完善，国有资本授权经营体制还未完全理顺。

（二）各层面的改革积极性较高

2020 年，中央和地方、企业和市场等各层面的改革积极性和成效性较高。中央层面，“科创示范行动”“打造世界一流”等新专项行动启动，“双百行动”扎实推进，“区域综改试验”扩围至 7 个。在前期探索的基础上，推出国企改革三年行动，将国企改革推到新的阶段，开启了新一轮深化国企改革的热潮。同时，制定和修改相关制度和法律，清除改革梗阻，固化改革成果。地方层面，各地结合本地区实际出台系列具有较强指导性、操作性配套政策，积极探索创新各项改革，混合所有制改革、重组整合、经营性国有资产集

① 初步统计未完成全民所有制企业公司制改革的企业还有 8 000 余家，主要集中在有关国家机关和事业单位所管理企业、地方党政机关和事业单位所管理企业，以及地方国资委监管的少量企业。

中统一监管等落地效果较快。国有企业改革活力和自主力增强，在试点和专项行动中形成了好的经验，参与国企改革三年行动热情较高。社会资本对国企混合所有制改革的关注度明显提升，以资本市场为载体的混改项目和资金规模增多。

（三）多项改革任务落地加快成果扩大

“双百企业”综合性改革取得积极成效，全员劳动生产率超出中央企业平均水平50%，经理层任期制和契约化管理、职业经理人制度各层级全覆盖比例超过50%，绩效考核全覆盖比例超过80%，员工市场化公开招聘比例约95%。深圳、上海、沈阳区域性国资国企综合改革试验试点继续推进，取得一定成效，青岛、西安、武汉、杭州四地新纳入试点。“科改示范行动”起步，209户企业入选，“国改科技基金”设立，国有科技型企业在股权激励、薪酬分配、业绩考核等方面获得更多支持，创新力度加大。8月“国企改革三年行动”全面启动，中央企业及多个地区明确具体实施方案，中央企业明确改革任务4 329项、举措10 729项，2020年任务完成较快。

截至2020年末，国务院国资委监管的中央企业全面完成公司制改制，省级国资委监管的一级企业公司制改制完成约96%。符合条件的中央企业和中央金融机构划转部分国有资本充实社保基金工作全面完成，共划转93家中央企业和中央金融机构国有资本总额1.68万亿元。中央企业所属子企业、地方国企混合所有制户数占比分别超7成和5成；中央企业所有者权益中社会资本形成的少数股东权益9.4万亿元，占比提升至38%，对外参股的企业超过6 000户。中央企业集团层面股权多元化改革继续推进。中央企业选聘职业经理人近5 000人，实施股权激励的控股上市公司有119户，集团总部部门数量和人员编制分别平均压减17%和20%。共有48家

中央企业和 32 家国有企业入围 2020 年度“世界 500 强”。

（四）国企改革对经济转型和社会文明的引领作用较强

1. 引领经济转型方面

一是提质增效，在疫情冲击中有效发挥了经济“压舱石”作用。2020 年，中央企业实现净利润 1.4 万亿元，增速从第一季度的 -58.8% 拉升至年末的 2.1%，近 8 成企业净利润正增长。2016—2020 年，中央企业资产总额、劳动生产率、净利润年均增速分别为 7.7%、7.8% 和 9.3%，增长较好。二是资产负债率下降，有效防范财务风险，但国企债券违约率上升。2020 年末，中央企业资产负债率为 64.5%，较上年末下降 0.5 个百分点，较 2017 年末下降 2.1 个百分点，完成“三年降两个百分点”的目标任务。但是，2020 年辽宁华晨集团、河南永煤集团、紫光集团等国企债券相继违约，且规模较大，对债券市场造成较大冲击。数据显示，中央国有企业和地方国有企业的违约率分别为 0.44%、0.23%，较 2019 年分别上行 0.22 个、0.04 个百分点[①]。三是科技研发强度提升，引领创新较好。2020 年，中央企业研发投入强度提高至 2.55%，国内外研发机构数量达到 4 360 个，国家重点实验室 91 个，取得了“天问一号”“嫦娥五号”等一大批具有世界先进水平的重大科技成果。

2. 引领社会文明进步方面

一是国企社会责任发展指数继续提升。2020 年，“国有企业 100 强”社会责任发展指数为 58.5 分，较上年提升 3.9 分，分别高于民营企业和外资企业 29.2 分和 38.4 分，连续 12 年领先民营企业和外

① 资料来源：东方金诚，“2020 年信用债违约回顾与 2021 年展望”。

资企业[①]。在抗击新冠肺炎疫情战役中，国有企业复工复产、保生产保供应、减免房租，表现突出，抗击疫情议题得分为72.0分，有95家企业主动披露了“抗击疫情投入总额”“稳定就业”等方面的履责行动。二是帮扶助力脱贫攻坚。“国有企业100强”社会责任发展指数中，精准扶贫议题得分为69.4分，93家企业披露了精准扶贫相关信息。截至2020年末，中央企业帮扶的246个国家扶贫开发县全部脱贫摘帽，定点帮扶的12 000多个扶贫村、扶贫点全面脱贫。三是历史遗留问题总体解决。全国国有企业职工家属区分离移交“三供一业”99.6%、市政设施99.7%、社区管理职能98.2%，教育、医疗机构深化改革分别达到99.7%和98.8%，退休人员社会化管理完成92.1%，厂办大集体改革完成98.1%，累计安置在职职工171.2万人[②]。企业办消防机构分类处理也已在2018年全面完成。部分中央企业和地方国企以上任务完成率达到100%。

二、国企改革的定量评价

通过定量综合加权评分，2020年国企改革得分是77.33分，较2019年提高2.73分，改革取得了新进展，一些改革难点有所突破。

（一）国企改革进展评价

1. 政策在更高更深层次布局

上半年，细化和明确本轮国企改革的难点。2020年初，国务院

① 黄群惠，钟宏武，张蒽：《企业社会责任蓝皮书（2020）》，社会科学文献出版社2020年版。
② 资料来源：国务院国资委，中央企业深化供给侧结构性改革情况媒体通气会。

国有企业改革领导小组办公室发布在“双百企业”中推行经理层成员任期制和契约化管理、建立职业经理人制度操作指引；3 月，国务院办公厅印发《国有金融资本出资人职责暂行规定》，国有金融资本集中统一管理有了实施办法；4 月，国务院国资委制定中央企业控股上市公司实施股权激励工作指引。在党建方面，中共中央印发《中国共产党国有企业基层组织工作条例（试行）》，明确“国有企业是中国特色社会主义的重要物质基础和政治基础，是党执政兴国的重要支柱和依靠力量”，对国企党建工作了进行全面规范。

下半年，升华和深化本轮国企改革的举措。2020 年，中央全面深化改革委员会审议通过了 4 个关于国资国企改革文件，数量较多。在调研、论证基础上，制定了《国企改革三年行动方案（2020—2022 年）》，将党的十九大在新阶段对国企改革的要求具体化，进一步明确以前相关政策和专项行动的时间表和路线图，是落实国企改革“1 + N”政策体系和顶层设计的可衡量、可考核、可检验的施工图。此外，中央全面深化改革委员会还审议通过了优化和调整新时代国有经济布局、人大加强国有资产管理情况监督、央企党组织融入公司治理等相关政策。

地方层面快速反应，对本地区改革难点进行聚焦，对改革新部署跟进落实。广东省、浙江省、上海市、河南省、湖南省、甘肃省、深圳市等围绕本地区国企混合所有制改革、“两类公司”试点、国企主业管理、工资总额管理、国有产权无偿划转、国资委授权放权清单等事项出台管理办法或操作指引。北京市、天津市、广东省、湖南省等制定本地版本的国有金融资本管理办法，上海市、安徽省、江西省、广西壮族自治区等积极出台本地区国企改革三年行动方案，打造“地方样本”。

综合来看，“法律法规政策制定和出台进展评价”指标应评价为 E（很好），相应的评价得分为 100 分。

2020 年出台的部分国资国企改革政策文件如表 1 所示。

表 1　　2020 年出台的部分国资国企改革政策文件

序号	文件名称	发文部门或文号	发文时间
1	《国有金融资本出资人职责暂行规定》	国办发〔2019〕49 号	2019 年 11 月 7 日
2	《中国共产党国有企业基层组织工作条例（试行）》	中共中央	2019 年 12 月 30 日
3	《“双百企业”推行经理层成员任期制和契约化管理操作指引》	国务院国有企业改革领导小组办公室	2020 年 1 月 22 日
4	《“双百企业”推行职业经理人制度操作指引》	国务院国有企业改革领导小组办公室	2020 年 1 月 22 日
5	《中央企业控股上市公司实施股权激励工作指引》	国资考分〔2020〕178 号	2020 年 4 月 23 日
6	《国企改革三年行动方案（2020—2022 年）》	中央全面深化改革委员会	2020 年 6 月 30 日审议通过
7	《关于新时代推进国有经济布局优化和结构调整的意见》	中央全面深化改革委员会	2020 年 11 月 2 日审议通过
8	《全国人大常务委员会关于加强国有资产管理情况监督的决定》	中央全面深化改革委员会	2020 年 11 月 2 日审议通过
9	《关于中央企业党的领导融入公司治理的若干意见（试行）》	中央全面深化改革委员会	2020 年 12 月 30 日审议通过

2. 混合所有制改革明显提速升级

2020 年，国有企业公司制改革取得历史性突破，股份多元化改革、混合所有制改革等基础更加宽阔。2020 年，中央企业累计实施混改 900 余项，引入社会资本超过 2 000 亿元[①]。中央企业混合所有制企业户数占比超过 70%，较 2012 年提高 20%。72 家中央企业已经对所出资企业混合所有制改革进行了研究评估。地方国有企业混合所有制户数占比达 54%，较上年提高 5.0 个百分点。上市公司已

① 国新办，2020 年央企经济运行情况新闻发布会。

经成为混改的主要载体。年内，A 股市场共发生国企混改 783 起，交易金额达 5 727.7 亿元，分别同比增长 40.8% 和 183.0%[①]。第四批 160 户混改试点企业中，有 35 户完成或基本完成引进战略投资者任务。此外，中国东方航空集团进行股权多元化改革[②]，中央企业集团层面股权多元化改革取得积极进展。中国国有企业混合所有制改革基金在上海落地，聚焦核心领域、核心技术的混合所有制改革[③]。

2020 年，市场准入负面清单进行全面修订，事项进一步压减。《市场准入负面清单（2020 年版)》，设负面清单 21 类、123 项，较 2019 年减少 8 项、缩减 6%，较 2018 年减少 28 项、缩减 18%，较 2016 年（试点版）减少 205 项、缩减 63%。2020 年，负面清单依法增列金融控股公司、地方资产管理公司等准入管理措施。据统计，自 2018 年 12 月实施全国统一市场准入负面清单以来，已累计取消各地区自行编制发布的市场准入类负面清单 23 个。各地区、各部门不再另行制定市场准入性质的负面清单，全国一张清单管理模式得到巩固。由此，“市场准入负面清单改革进展评价”指标应评价为 E（全国统一标准且清单逐渐缩短)，相应的评价得分为 100 分。

国企战略性重组和专业化整合不断推进，上市成为混改的重要载体。在中央企业层面，化工、钢铁、煤电领域大动作频频，中国

---

① 资料来源：Choice 数据，为东方财富旗下专业的金融数据平台。

② 2020 年 10 月 12 日，中国东方航空集团有限公司在北京宣布正式实施股权多元化改革，在集团层面引入财政部所属的中央金融企业中国人寿保险（集团）公司、上海市国资委所属的上海久事（集团）有限公司、中国旅游集团有限公司和中国国新资产管理有限公司的增资资金共计 310 亿元，成为多元股东的央企集团。

③ 2020 年 12 月 29 日，经国务院批准，国务院国资委委托中国诚通控股集团有限公司发起设立的中国国有企业混合所有制改革基金有限公司在上海揭牌成立，是继中国国有资本风险投资基金、中国国有企业结构调整基金之后，国务院国资委委托国有资本运营公司发起设立的第三只国家级基金，总规模 2 000 亿元，首期募资 707 亿元。

中化集团与中国化工集团合并重组正式对外披露①；中国宝武钢铁集团有限公司与太原钢铁（集团）有限公司联合重组，成为国内首个亿吨级钢铁集团②；中央企业煤电资源区域整合第一批试点首批48户划转企业名单印发，其中至少38户划转完成③。截至2020年末，中央企业数量由2015年末的106家调整至97家。地方国企战略重组与整合加快，山西省十四大板块省属国企战略性重组基本收官，涉及资产2.6万亿元，占省属企业总资产的79%，省属企业数量从28家调整至19家；山东省启动山东能源与兖矿集团、山东高速与齐鲁交通集团联合重组，开展国泰租赁有限公司等5户省属一级企业重组整合。上市公司已成为混合所有制改革的重要载体。2020年，30家国企实现首发上市，累计募集资金757.6亿元④，较2019年增加3家，较2018年增加10家。截至2020年末，中央企业控股的上市公司资产总额、利润分别占央企整体的67%和88%⑤。因此，“企业主营业务资产整体上市进展评价”指标应评价为D（较好），相应的评价得分为80分。

3. “两类公司”试点及授权放权稳步推进

2020年，无新增中央企业开展“两类公司”试点，截至年末，“两类公司”试点企业数量依然为21家。2020年内，国务院国资委印发中国国新、中国诚通两家试点企业改革试点重点任务清单，推动企业向国有资本运营的轻资产平台转型。2020年，浙江省、湖南省印发推进“两类公司”改革试点实施方案；山西省国有资本运营

① 2020年9月2日，中化集团董事长、中国化工集团董事长宁高宁在国务院新闻办举行的企业家代表与中外记者见面会上表示，中国化工集团和中化集团合并重组正在进行中。

② 2020年8月21日，中国宝武钢铁集团与山西省国有资本运营有限公司签署无偿划转协议，山西国资运营公司将太原钢铁集团51%股权无偿划转给中国宝武。

③ 根据《中央企业煤电资源区域整合试点方案》，中国华能、中国大唐、中国华电、国家电投、国家能源集团将在甘肃、陕西、新疆、青海、宁夏5个试点区域开展第一批试点。

④ 资料来源：证券日报。

⑤ 资料来源：国新办，2020年央企经济运行情况新闻发布会。

有限公司更名；广西壮族自治区重点推进“两类公司”所出资企业混合所有制改革，区直属 4 户国有资本投资、运营公司试点企业各子公司混合所有制户数占比达到 7 成以上。数据显示，各地已改组组建“两类公司”107 家[①]。因此，“‘两类公司’授权试点进展评价”指标应评价为 D（改革试点有突破性的成果），相应的评价得分为 80 分。

4. 国有企业管理改革有所加快

一是从建设规范董事会试点及引入外部独立董事制度来看，董事会及外部董事职权增强。截至 2020 年末，95 家中央企业全部建立董事会，其中外部董事占多数的有 82 家[②]。年内，国务院国资委对 80 家中央企业董事会、董事及 22 名中央企业专职外部董事开展年度评价；为中央企业配置外部董事 92 人次，较 2019 年增加 21%；遴选 95 名人选充实外部董事人才库[③]。八成以上的“双百企业”建立了董事会，实现外部董事占多数。在发挥作用方面，新兴际华集团试推行外部董事“一票缓决制”；神华集团外部董事否决一则收购项目议案；中国电器科学研究院股份有限公司、中车株洲电力机车有限公司董事会被授予在经理层选聘与考核、工资总额管理、投融资审批等方面具体权限。因此，“建立规范董事会试点及引入外部独立董事制度进展评价”指标应评价为 D（试点范围超过 80% 且董事会和外部独立董事作用明显），相应的评价得分为 80 分。

二是从职业经理人制度改革进展来看，市场化选聘和管理范围扩大。截至 2020 年末，5 家中央企业集团公司开展经理层成员任期制和契约化管理试点、职业经理人制度试点，40 家中央企业制定了

① 资料来源：新华社、国务院国资委。

② 资料来源：国务院国资委，国有企业公司制改革情况媒体通气会。

③ 资料来源：2020 年第 9 期《国资报告》杂志。

职业经理人相关制度；977 户子企业共选聘职业经理人 4 374 人；各地方有 95 家省属一级企业开展职业经理人市场化选聘。深圳市面向全球采用市场化选聘方式为 7 家市属国企选聘 11 名高管；湖南省（湘诚物业集团）、辽宁省（华晨集团）、山东省（鲁信集团）推行职业经理人制度试点改革迈出实质性步伐；国家开发投资集团在更大范围推行职业经理人制度改革，全年选聘职业经理人超 20 名。针对“双百企业”实施经理层任期制和契约化管理、推行了职业经理人制度的操作指引出台，在本级层面推行两项改革的“双百企业”覆盖面近 50%（近 200 户）。因此，“推行职业经理人制度进展评价”指标应评价为 D（职业经理人治理成效显著），相应的评价得分为 80 分。

三是从管理层技术骨干股权激励和员工持股计划进展来看，激励机制落地加快。2020 年，新修订的证券法实施，国企实施股权激励、员工持股计划操作的人数限制法律障碍消除。截至 2020 年末，119 户中央企业控股上市公司实施了股权激励；其中，年内新增 22 户，涉及近 1.8 万名关键核心人才[①]。2020 年内，72 家中央企业对所出资企业开展中长期激励进行梳理评估。46 家上市国企发布股权激励计划；18 家上市国企发布 19 单员工持股计划，较上年增加 6 家、4 单[②]。约 1/4 的“双百企业”开展了股权、分红权等不同方式的中长期激励。因此，“实行管理层技术骨干股权激励和员工持股计划进展评价”应评价为 D（两项改革都得到推进且取得一定效果），相应的评分得分为 80 分。

5. 国有资产管理和监督改革进一步强化

一是从国有资本经营预算收入来看，中央国有资本经营预算收入

① 资料来源：国新办，2020 年央企经济运行情况新闻发布会。

② 资料来源：同花顺 iFinD 数据。

1 785.61亿元，同比增长9.1%[①]。年度增幅比参照值（26.53%）降低了17.43个百分点，按照对比打分法，相应的应在60分的基础上降低34.86分。因此，“国有资本经营预算收入年度增幅”指标评价得分为25.14分。

二是从国有资本经营预算编制详细程度看，财政部公布的2020年中央财政预算报表显示，国有资本经营预算共有5张表、1个说明，分别为中央国有资本经营收入预算表、支出预算表、中央本级国有资本经营支出预算表、中央对地方国有资本经营转移支付预算表、中央对地方国有资本经营转移支付分地区情况汇总表以及关于2020年中央国有资本经营预算的说明。表内结构和项目与2019年一致，还需要进一步细化。因此，“国有资本经营预算编制细化程度”指标应评价为D（较好），相应的评价得分为80分。

三是从经营性国有资产集中统一监管的进展看，国有金融资本统一监管进展明显，经营性国有资产集中统一监管覆盖面扩大。截至2020年末，中央层面经营性国有资产集中统一监管改革还在进行，由国务院国资委、财政部等分别监管；全国省级经营性国有资产集中统一监管比例超过91%[②]。内蒙古自治区经营性国有资产集中统一监管基本完成，纳入直接和委托监管的经营性国有资产总量占应脱钩企业资产的99.7%[③]。在国有金融资本管理方面，3月，国务院办公厅发布了《国有金融资本出资人职责暂行规定》，规定“各级财政部门根据本级政府授权，集中统一履行国有金融资本出资人职责”，并对国有金融资本管理与监督的职责、具体事项等制

---

① 资料来源：财政部，《关于2020年中央和地方预算执行情况与2021年中央和地方预算草案的报告》。

② 资料来源：新华社、国务院国资委相关资料。

③ 资料来源：内蒙古自治区政府新闻办，内蒙古自治区国有企业改革三年行动政策吹风会。

度化、规范化、程序化。5 月，财政部对《国有金融资本管理条例（征求意见稿）》公开征求意见。国有金融资本集中统一监管取得明显进展。北京市、天津市、广东省、湖南省、山东省等出台本地区国有金融资本管理制度。“经营性国有资产集中统一监管进展评价”指标应评价为 D（集中统一监管范围基本全覆盖），相应的评价得分为 80 分。

四是从企业国有资产基础管理改革看，企业国有资产产权管理制度得到完善，境内外企业国有资产产权登记、转让、交易等环节管理和监督得到更新和加强。但是，对企业国有资产的基础管理还没有统一规范，全生命周期管理没有覆盖，基础管理的理论研究和法律法规制定未达预期。因此，“企业国有资产基础管理制度改革进展评价”指标应评价为 C（基础管理制度改革方案开始实施），相应得分为 60 分。

五是从强化人大对国有资产监督职能的履行上看，国有资产管理情况报告制度初步建立，法律制度进一步健全，履职手段更加完备。2020 年，全国人大常委会审议了 2019 年度国有资产管理情况的综合报告、财政部履行出资人职责和资产监督管理职责企业国有资产管理情况的专项报告、国资系统监管企业国有资产管理情况的专项报告等 3 份报告。全国人大常委会预算工作委员会、全国人大财政经济委员会形成了企业国有资产（不含金融企业）管理情况的调研报告。更为重要的是，2020 年《全国人民代表大会常务委员会关于加强国有资产管理情况监督的决定》经中央全面深化改革委员会审议通过，并经全国人大常委会表决通过。人大对国有资产监督的法律依据更加充足，国有资产报表体系和评价指标体系、报告与预算决算审查监督衔接机制将建立和健全。因此，“强化人大对国有资产监督职能的进展评价”指标应评价为 E（人大监督国有资产制度全面建立且有效执行)，相应的评价得分为 100 分。

（二）国企改革经济社会效益评价

1. 国企改革的经济效益

第一，2020 年全社会固定资产投资额 527 270.0 亿元[①]。其中，国有固定资产投资额为 117 042.9 亿元，集体固定资产投资额为 4 934.9 亿元[②]，计算非公有经济固定资产投资额为 405 292.2 亿元，非公有经济全社会固定资产投资占全社会固定资产投资的比重为 76.87%，比参照值（69.86%）高 7.01 个百分点，按照对比打分法，评价得分应增加 35.05 分。因此，“全社会非公有经济固定资产投资占全社会固定资产投资的比重”指标的评价得分为 95.05 分。

第二，国有供给侧结构性改革持续深化，新时代国有经济优化和调整跟进。2020 年，《关于新时代推进国有经济布局优化和结构调整的意见》审议通过。去产能、压减、处僵治困等取得明显成效，截至 2020 年 6 月底，中央企业 2 041 户僵尸特困企业中已累计完成 1 957 户“处僵治困”主体任务，安置富余人员 79.5 万人。2020 年，中央企业管理层级压缩到 5 级以内，集团总部数量平均压缩超过 17%，人员编制平均减少 20%。因此，“国有企业去产能改革的经济成效评价”指标应评价为 E（成效显著），相应的评价得分为 100 分。

第三，2020 年全国国有企业利润总额 34 222.7 亿元[③]，同比下降 4.5%。比参照值（11.9%）低 16.4 个百分点，按照对比打分

---

① 资料来源：国家统计局，2020 年国民经济和社会发展统计公报。

② 资料来源：国家统计局年度数据按注册登记类型分全社会固定资产投资数据自 2017 年后不再公布绝对数，国有及集体固定资产投资额数据是以 2017 年数据为基础，按照国家统计局月度数据的累计增长计算所得。

③ 资料来源：2020 年 1—12 月全国国有及国有控股企业经济运行情况。

法，评价得分应减少 32. 8 分。因此，“全国国有企业利润增长率”指标的评价得分为 27. 2 分。

第四，2020 年，全国国有企业税后净利润 24 761. 7 亿元[①]，加权平均净资产收益率为 3. 13%。由于公开数据变动，该指标为估计值。2020 年，受到新冠肺炎疫情冲击影响，人民银行加大货币政策支持力度，货币信贷增幅扩大，我国宏观杠杆率提高。国有企业作为复工复产重要力量，企业融资需求较大，资产负债表扩张。假定 2020 年我国国有企业负债总额增速与我国社会融资规模存量增速同步，为 13. 3%[②]，估算国有企业负债总额约为 1 492 797. 2 亿元。按照 64. 0% 的资产负债率推算，国有企业所有者权益为 839 698. 4 亿元。因此，计算的加权平均净资产收益率为 3. 13%。该指标相比于参照值（6. 18%）降低了 3. 05 个百分点，按照对比打分法，应减少 15. 25 分。因此，“国有企业净资产收益率（ROE）”指标的评价得分为 44. 75 分。

第五，2020 年末，全国国有企业资产负债率为 64. 0%[③]，比参照值（64. 18%）降低了 0. 18 个百分点，按照对比打分法，评价得分应该增加 0. 9 分。因此，“国有企业资产负债率”指标的得分为 60. 9 分。

第六，2020 年末，全国国有企业所有者权益总额约为 839 698. 40 万亿元，同比增长 12. 81%。比参照值（16. 08%）降低了 3. 27 个百分点，按照对比打分法，评价得分应减少 6. 54 分。因此，“国有企业所有者权益总额增长率”的评价得分为 53. 46 分。

第七，2020 年末，全国国有企业资产总额约为 2 332 495. 60 亿

---

① 资料来源：财政部 2020 年 1—12 月全国国有及国有控股企业经济运行情况。

② 资料来源：中国人民银行，2020 年统计数据。

③ 资料来源：财政部 2020 年 1—12 月全国国有及国有控股企业经济运行情况。

元，同比增长 13.12%[①]，比参照值（17.28%）降低 4.16 个百分点，按照对比打分法，评价得分应降低 8.32 分。因此，“国有企业资产总额增长率”指标的评价得分为 51.68 分。

2. 国企改革的社会效应

第一，2020 年全国国有企业应交税费 46 111.3 亿元，同比增长 0.2%[②]，比参照值（6.27%）低 6.07 个百分点，按照对比打分法，评价得分应减少 18.21 分。因此，“国有企业应交税金年度增幅”的评价得分为 41.79 分。

第二，2020 年中央国有资本经营预算收入 1 785.61 亿元，加上结转收入 144.09 亿元，收入总量为 1 929.70 亿元，向一般公共预算划转 577.50 亿元[③]，较上年增加 187.73 亿元，划转比例为 29.93%，略低于 2020 年达到 30% 的目标 0.07 个百分点，比基数 5% 提高了 24.93 个百分点。按照对比打分法，评价得分在 20 分的基础上增加 79.78 分。因此，“国有资本经营预算收入划转一般公共预算的比例”指标的评价得分为 99.78 分。

第三，就 2020 年国有企业进展效果的整体评价来说，国有企业管理、国有资本监管改革明显加快，国有经济及国有企业相关指标表现较好，改革符合预期。因此，“国有企业的改革进展效果的评价”指标的评价应为 D（有改革方案且基本落实），相应的评价得分为 80 分。

综上所述，2020 年度国企改革进展及经济社会效应的定量评价综合加权得分为 77.33 分（见表 2），改革边际增速加快。但是，受新冠肺炎疫情影响，国企相关经济指标下滑，部分领域改革较慢，总得分还不高。

---

① 该数据为估算值，估算以全国国有企业负债总额为基础，通过资产负债率推算资产总额，进而计算增速。

② 资料来源：财政部 2020 年 1—12 月全国国有及国有控股企业经济运行情况。

③ 资料来源：财政部《关于 2020 年中央和地方预算执行情况与 2021 年中央和地方预算草案的报告》。

表 2　　2020 年国有企业改革进展及经济社会效应评价指标体系

评价维度		权重（W_1）	评价指标	指标性质	权重（W_2）	评价结果	评价得分（R）	综合得分（$T=R\cdot W_1\cdot W_2$）
国企改革进展	1. 国企改革法律政策的制定及出台情况	13%	1.1 法律法规政策制定和出台进展评价	定性	100%	E	100 分	13.00 分
	2. 混合所有制改革情况	13%	2.1 市场准入负面清单改革进展评价	定性	50%	E	100 分	6.50 分
			2.2 企业主营业务资产整体上市进展评价	定性	50%	D	80 分	5.20 分
	3. “两类公司”试点推进情况	13%	3.1 “两类公司”授权试点进展评价	定性	100%	D	80 分	10.40 分
	4. 国有企业管理改革情况	11%	4.1 建设规范董事会试点及引入外部独立董事制度进展评价	定性	35%	D	80 分	3.08 分
			4.2 推行职业经理人制度进展评价	定性	35%	D	80 分	3.08 分
			4.3 实行管理层技术骨干股权激励和员工持股计划进展评价	定性	30%	D	80 分	2.64 分
	5. 国有资产管理和监督改革情况	10%	5.1 国有资本经营预算收入年度增幅（%）	定量	25%	9.10%	25.14 分	0.63 分
			5.2 国有资本经营预算编制细化程度	定性	10%	D	80 分	0.80 分
			5.3 经营性国有资产集中统一监管进程评价	定性	10%	D	80 分	0.80 分
			5.4 企业国有资产基础管理改革进展评价	定性	30%	C	60 分	1.80 分
			5.5 强化人大对国有资产监督职能的进展评价	定性	25%	E	100 分	2.50 分

续表

评价维度		权重（W_1）	评价指标	指标性质	权重（W_2）	评价结果	评价得分（R）	综合得分（$T = R \cdot W_1 \cdot W_2$）
经济社会效应	6. 经济效应	25%	6.1 全社会非公有经济固定资产投资占全社会固定资产投资的比重	定量	15%	76.87%	95.05 分	3.56 分
			6.2 国有企业去产能改革的经济成效评价	定性	15%	E	100 分	3.75 分
			6.3 国有企业利润增长率	定量	13%	-4.50%	27.20 分	0.88 分
			6.4 国有企业净资产收益率	定量	14%	3.13%	44.75 分	1.57 分
			6.5 国有企业资产负债率	定量	15%	64.00%	60.90 分	2.28 分
			6.6 国有企业所有者权益总额增长率	定量	15%	12.81%	53.46 分	2.00 分
			6.7 国有企业资产总额增长率	定量	13%	13.12%	51.68 分	1.68 分
	7. 社会效应	15%	7.1 国有企业应交税金年度增幅	定量	30%	0.20%	41.79 分	1.88 分
			7.2 国有资本经营预算收入划转一般公共预算比例	定量	30%	29.93%	99.78 分	4.49 分
			7.3 国有企业的改革进展效果的评价	定性	40%	D	80 分	4.80 分
评价结果		100%						77.33 分

注：综合绩效评价得分 77.33 分为计算后四舍五入得出。

三、国企改革指数

本报告通过定量评价综合加权评分和中国财政科学研究院国企改革指数实现对本轮国企改革的动态评价。具体而言，首先依照国企改革进展及经济社会效应评价体系计算各个年度的定量评价综合加权得分；其次，以 2015 年 12 月 31 日为基准日，以 100 为基点，根据各个年度的定量评价综合加权得分计算本年度的中国财政科学研究院国企改革指数。

中国财政科学研究院国企改革指数（CSRI）的计算公式为：

$$\frac{CSRI_i}{CSRI_{2015}} = \frac{T_i}{T_{2015}}$$

2015 年为基准年，其中国财政科学研究院国企改革指数为 100，国企改革进展及经济社会效应的综合加权评价得分为 47. 96 分。因此，CSRI 计算公式转换为：

$$\frac{CSRI_i}{100} = \frac{T_i}{47.96}$$

即：

$$CSRI_i = \frac{T_i}{47.96} \times 100$$

2020 年国企改革进展及经济社会效应的综合加权评价得分为 77. 33 分，由上述公式计算得：

$$CSRI_{2020} = 161.24$$

国企改革进展及经济社会效应进行定量评价的综合加权得分从 2015 年的 47. 96 分到 2020 年的 77. 33，CSRI 从 2015 年的基点 100 点到 2020 年的 161. 24 点，国企改革进程不断向前推进，改革成效持续显现（见图 1）。在 2019 年改革指数边际增速放缓后，2020 年

改革速度有所提高。但是，本轮深化国企改革的评分和指数还有很大增长空间，部分领域的改革和国企的效益还需提升。

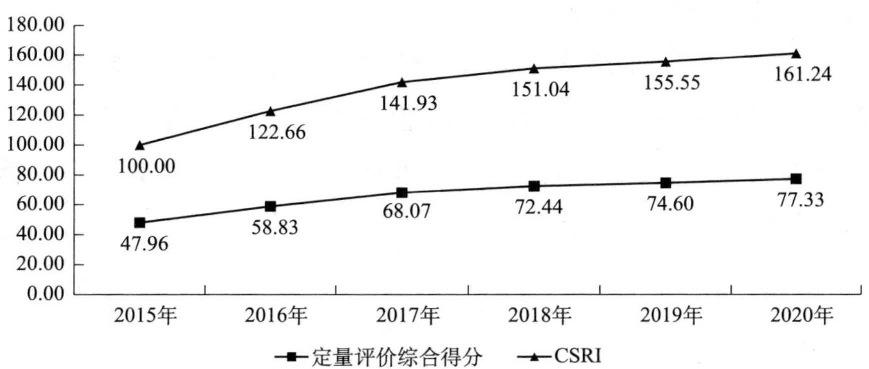

图 1　2015—2020 年国有企业改革进展定量评价综合加权得分及 CSRI 变化情况

资料来源：根据本报告课题组 2015—2020 年研究数据整理。

从 6 年的国企改革评价得分和指数可以看出，国资国企改革的顶层设计不断完善，改革的制度依据较为充分；市场准入负面清单实现统一、精简；国有企业去产能完成较好，历史遗留问题基本得以解决，“包袱”减轻；国有资本经营预算收入划转支持一般公共预算收入、国有资本划转充实社保基金等达到目标，全民受益得以体现；人大对国有资产监督职能履行进一步强化，履职能力明显增强；混合所有制改革形成普遍共识，稳步推进；规范董事会建设、引入外部董事、推行职业经理人制度、实施股权激励等市场化的现代国有企业治理机制正在形成；以经营性国有资产集中统一监管、“两类公司”试点等为代表的国有资本授权经营体制改革取得成效；国有企业资产、所有者权益总额规模增大，资产负债率下降，经济和社会引领效应较好；国企党组织建设全面强化。

但是，我们也必须注意到国有企业改革还有许多“硬骨头”没有啃下。受多种因素影响，国有企业的利润增长、净资产收益率等效益指标表现不及预期；债务违约增多，防风险任务较重；选人用人、薪酬分配、中长期激励等市场化机制还有差距，现代国企治理还需完善；国有资产基础管理需要不断夯实，以“管资本”为主加强国资监管仍然任重道远。

未来，国有企业改革三年行动计划将聚集难点、发起攻坚，围绕形成中国特色现代企业制度和以管资本为主的国资监管体制、优化调整国有经济布局与结构、激活国有企业活力和效率等目标继续深化改革。

附　录

附录 1　2015—2020 年量化评价指标年度数据汇总

2015—2020 年量化评价指标年度数据汇总

	2015 年	2016 年	2017 年	2018 年	2019 年	2020 年
绩效评价综合得分（分）	47.96	58.83	68.07	72.44	74.60	77.33
年度改革指数	100	122.66	141.93	151.04	155.55	161.24
量化关键核心指标情况						
国有资本经营预算收入年度增幅（%）	14.33	-11.30	-13.00	1.60	23.30	9.10
全社会非公有经济固定资产投资占全社会固定资产投资比重（%）	72.39	77.25	77.11	78.06	75.14	76.87
全国国有企业利润增长率（%）	-5.60	1.70	23.50	12.90	4.70	-4.50
全国国有企业净资产收益率（%）	4.00	3.60	4.40	4.30	3.80	3.13
全国国有企业资产负债率（%）	65.70	66.08	65.73	64.70	63.90	64.00
全国国有企业所有者权益总额增长率（%）	15.20	9.20	11.00	9.00	17.96	12.81

续表

	2015 年	2016 年	2017 年	2018 年	2019 年	2020 年
全国国有企业资产总额增长率（%）	18.70	9.70	10.00	8.40	15.35	13.12
全国国有企业应交税金年度增幅（%）	2.80	-0.70	9.50	3.30	-0.70	0.20
国有资本经营预算收入划转一般公共预算的比例（%）	13.09	13.48	18.73	22.30	23.73	29.93
数据说明	资料来源于《企业财务报告数据摘要（2011—2015）》、统计年鉴、全国财政决算报告。	资料来源于财政部《关于2016年中央决算的报告》、国家统计局月度数据、财政部《2016年1—12月全国国有及国有控股企业经济运行情况》。此外，净资产收益率指标为估算数据。	资料来源于财政部《关于2017年中央决算的报告》、国家统计局月度数据、财政部《2017年1—12月全国国有及国有控股企业经济运行情况》。此外，净资产收益率指标为估算数据。	资料来源于财政部《关于2018年中央和地方预算执行情况与2019年中央和地方预算草案的报告》、国家统计局年度数据和月度数据、财政部《2018年1—12月全国国有及国有控股企业经济运行情况》。此外，全社会固定资产投资年度数据是根据月度数据推算得来，净资产收益率指标为估算数据。	资料来源于财政部《关于2019年中央和地方预算执行情况与2020年中央和地方预算草案的报告》、国家统计局年度数据和月度数据、财政部《2019年1—12月全国国有及国有控股企业经济运行情况》。此外，全社会固定资产投资年度数据是根据月度数据推算得来，净资产收益率指标为估算数据。	资料来源于国家统计局《2020年国民经济和社会发展统计公报》及月度数据、财政部《2020年1—12月全国国有及国有控股企业经济运行情况》、财政部《关于2020年中央和地方预算执行情况与2021年中央和地方预算草案的报告》。此外，全社会固定资产投资年度数据是根据月度数据推算得来，净资产收益率指标为估算数据。

附录 2　2015—2020 年全国国有及国有控股企业经济运行情况

1. 年度数据汇总

2015—2020 年全国国有及国有控股企业经济运行情况

		2015 年		2016 年		2017 年		2018 年		2019 年		2020 年	
		数额	增长率	数额	增长率	数额	增长率	数额	增长率	数额	增长率	数额	增长率
主要经济效益指标情况													
营业总收入		454 704. 1 亿元	-5. 40%	458 978 亿元	2. 60%	522 014. 9 亿元	13. 60%	587 500. 7 亿元	10. 00%	625 520. 5 亿元	6. 90%	632 867. 7 亿元	2. 10%
营业总成本		445 196. 1 亿元	-2. 30%	449 885 亿元	2. 50%	507 003. 9 亿元	12. 60%	570 431. 9 亿元	9. 80%	609 066. 1 亿元	7. 10%	614 685. 2 亿元	2. 80%
营业总成本	其中：销售费用		1. 70%		5. 90%		9. 50%		6. 60%				
营业总成本	管理费用		0. 50%		6. 70%		8. 50%		9. 50%				
营业总成本	财务费用		10. 20%		3. 70%		8%		13. 40%				
	成本费用率									6%	-0. 10%	5. 60%	-0. 40%

续表

		2015 年		2016 年		2017 年		2018 年		2019 年		2020 年	
		数额	增长率	数额	增长率	数额	增长率	数额	增长率	数额	增长率	数额	增长率
实现利润	利润总额	23 027.5 亿元	-6.70%	23 157.8 亿元	1.70%	28 985.9 亿元	23.50%	33 877.7 亿元	12.90%	35 961.0 亿元	4.70%	34 222.7 亿元	-4.50%
	税后净利润							24 653.7 亿元	12.10%	26 318.4 亿元	5.20%	24 761.7 亿元	-5.60%
	归属于母公司所有者的净利润							15 311.6 亿元	10.10%	15 496.0 亿元		14 138.6 亿元	
应交税金/应交税费		38 598.7 亿元	2.90%	38 076.1 亿元	-0.70%	42 345.5 亿元	9.50%	46 089.7 亿元	3.30%	46 096.3 亿元	-0.70%	46 111.3 亿元	0.20%
资产、负债和所有者权益	资产总额	1 192 048.8 亿元	16.40%	1 317 174.5 亿元	9.70%	1 517 115.4 亿元	10%	1 787 482.9 亿元	8.40%				
	负债总额	790 670.6 亿元	18.50%	870 377.3 亿元	10%	997 157.4 亿元	9.50%	1 156 474.8 亿元	8.10%				
	所有者权益	401 378.2 亿元	12.60%	446 797.2 亿元	9.20%	519 958 亿元	11%	631 008.1 亿元	9.00%				
	资产负债率							64.70%	-0.20%	63.90%	0.20%	64.00%	0.20%
净资产收益率								3.90%	0.10%				
主要行业盈利情况													
同比增幅较大行业		交通、化工和机械		建材、交通和施工房地产		煤炭、交通、石油石化		石油石化、钢铁					
同比降幅较大行业		煤炭、石油、建材和石化		石油、纺织、烟草和石化		电力							
亏损行业		钢铁和有色		钢铁、化工、有色									

2. 分年度运行情况

2015年1—12月全国国有及国有控股企业经济运行情况

2015年1—12月，全国国有及国有控股企业[①]（以下简称国有企业）经济运行稳中向好，部分指标出现回暖迹象，但下行压力依然较大。一是国有企业利润同比降幅继续收窄。1—12月国有企业利润降幅（-6.7%）比1—11月（-9.5%）收窄2.8个百分点，比1—10月（-9.8%）收窄3.1个百分点。二是地方国有企业应交税金同比增幅由负转正。1—12月地方国有企业应交税金同比增长2.1%，而1—11月和1—10月分别同比下降0.2%和0.9%，同比增幅实现由负转正。三是煤炭行业扭亏为盈，钢铁、有色行业继续亏损。

一、主要经济效益指标情况

（一）营业总收入

1—12月，国有企业营业总收入454 704.1亿元，同比下降5.4%。（1）中央企业271 694亿元，同比下降7.5%。（2）地方国

① 本月报所称全国国有及国有控股企业，包括中央企业和36个省（自治区、直辖市、计划单列市）的地方国有及国有控股企业，不含国有金融类企业。

资料来源：中央政府门户网站 http：//www. gov. cn.

有企业 183 010. 1 亿元，同比下降 2. 3%。

（二）营业总成本

1—12 月，国有企业营业总成本 445 196. 1 亿元，同比下降 4. 8%，其中销售费用、管理费用和财务费用同比分别增长 1. 7%、0. 5%和 10. 2%。（1）中央企业 262 407. 6 亿元，同比下降 6. 9%，其中销售费用、管理费用和财务费用同比分别下降 0. 3%、下降 0. 3%和增长 10. 3%。（2）地方国有企业 182 788. 5 亿元，同比下降 1. 6%，其中销售费用、管理费用和财务费用同比分别增长 5. 3%、1. 7%和 10%。

（三）实现利润

1—12 月，国有企业利润总额 23 027. 5 亿元，同比下降 6. 7%。（1）中央企业 16 148. 9 亿元，同比下降 5. 6%。（2）地方国有企业 6 878. 6 亿元，同比下降 9. 1%。

（四）应交税金

1—12 月，国有企业应交税金 38 598. 7 亿元，同比增长 2. 9%。（1）中央企业 29 731. 4 亿元，同比增长 3. 1%。（2）地方国有企业 8 867. 3 亿元，同比增长 2. 1%。

（五）资产、负债和所有者权益

12 月末，国有企业资产总额 1 192 048. 8 亿元，同比增长 16. 4%；负债总额 790 670. 6 亿元，同比增长 18. 5%；所有者权益合计 401 378. 2 亿元，同比增长 12. 6%。（1）中央企业资产总额 642 491. 8 亿元，同比增长 19. 9%；负债总额 436 702. 3 亿元，同比增长 23. 8%；所有者权益 205 789. 4 亿元，同比增长 12. 3%。

（2）地方国有企业资产总额 549 557 亿元，同比增长 12.7%；负债总额 353 968.3 亿元，同比增长 12.5%；所有者权益 195 588.8 亿元，同比增长 12.9%。

二、主要行业盈利情况

1—12 月，交通、化工和机械等行业实现利润同比增幅较大；煤炭、石油、建材和石化等行业实现利润同比降幅较大；钢铁和有色行业继续亏损。

2016 年 1—12 月全国国有及国有控股企业经济运行情况

2016 年 1—12 月，全国国有及国有控股企业[①]经济运行趋稳向好。国有企业收入和实现利润继续保持稳步增长，国有企业收入增幅有所提高，利润增幅略有下降。钢铁、化工、有色等行业亏损。

一、国有企业主要经济效益指标情况

（一）营业总收入

1—12 月，国有企业营业总收入 458 978 亿元，同比增长 2.6%。（1）中央企业 276 783.6 亿元，同比增长 2%。（2）地方国

① 本月报所称全国国有及国有控股企业，包括中央管理企业、中央部门和单位所属企业以及 36 个省（自治区、直辖市、计划单列市）的地方国有及国有控股企业，不含国有金融类企业。

有企业 182 194. 4 亿元，同比增长 3. 5% 。

（二）营业总成本

1—12 月，国有企业营业总成本 449 885 亿元，同比增长 2. 5% ，其中销售费用、管理费用和财务费用同比分别增长 5. 9% 、增长 6. 7% 和下降 3. 7% 。（1）中央企业 268 039. 9 亿元，同比增长 2. 2% ，其中销售费用、管理费用和财务费用同比分别增长 5. 8% 、增长 7. 3% 和下降 5. 8% 。（2）地方国有企业 181 845. 1 亿元，同比增长 3% ，其中销售费用、管理费用和财务费用同比分别增长 6. 3% 、增长 5. 7% 和下降 1. 5% 。

（三）实现利润

1—12 月，国有企业利润总额 23 157. 8 亿元，同比增长 1. 7% 。（1）中央企业 15 259. 1 亿元，同比下降 4. 7% 。（2）地方国有企业 7 898. 7 亿元，同比增长 16. 9% 。

（四）应交税金

1—12 月，国有企业应交税金 38 076. 1 亿元，同比下降 0. 7% 。（1）中央企业 29 153 亿元，同比下降 2. 5% 。（2）地方国有企业 8 923. 1 亿元，同比增长 6% 。

（五）资产、负债和所有者权益

12 月末，国有企业资产总额 1 317 174. 5 亿元，同比增长 9. 7% ；负债总额 870 377. 3 亿元，同比增长 10% ；所有者权益合计 446 797. 2 亿元，同比增长 9. 2% 。（1）中央企业资产总额 694 788. 7 亿元，同比增长 7. 7% ；负债总额 476 526 亿元，同比增长 8. 2% ；所有者权益合计 218 262. 7 亿元，同比增长 6. 6% 。（2）地方国有企业资产总

额 622 385.8 亿元，同比增长 12%；负债总额 393 851.3 亿元，同比增长 12.1%；所有者权益合计 228 534.5 亿元，同比增长 11.7%。

二、主要行业盈利情况

1—12 月，建材、交通和施工房地产等行业实现利润同比增幅较大。石油、纺织、烟草和石化等行业实现利润同比降幅较大。钢铁、化工、有色等行业亏损。

2017 年 1—12 月全国国有及国有控股企业经济运行情况

2017 年 1—12 月，全国国有及国有控股企业[①]经济运行态势良好、稳中有进，国有企业收入和利润持续较快增长，利润增幅高于收入 9.9 个百分点。

一、国有企业主要经济效益指标情况

（一）营业总收入

1—12 月，国有企业营业总收入 522 014.9 亿元，同比增长 13.6%。（1）中央企业 308 178.6 亿元，同比增长 12.5%。（2）地方国有企业 213 836.3 亿元，同比增长 15.2%。

① 本月报所称全国国有及国有控股企业，包括中央管理企业、中央部门和单位所属企业以及 36 个省（自治区、直辖市、计划单列市）的地方国有及国有控股企业，不含国有金融类企业。

（二）营业总成本

1—12 月，国有企业营业总成本 507 003.9 亿元，同比增长 12.6%，其中销售费用、管理费用和财务费用同比分别增长 9.5%、8.5% 和 8%。（1）中央企业 297 048.4 亿元，同比增长 12%，其中销售费用、管理费用和财务费用同比分别增长 7.6%、7.9% 和 4.6%。（2）地方国有企业 209 955.5 亿元，同比增长 13.5%，其中销售费用、管理费用和财务费用同比分别增长 12.5%、9.3% 和 11.2%。

（三）实现利润

1—12 月，国有企业利润总额 28 985.9 亿元，同比增长 23.5%。（1）中央企业 17 757.2 亿元，同比增长 16%。（2）地方国有企业 11 228.7 亿元，同比增长 37.6%。

（四）应交税金

1—12 月，国有企业应交税金 42 345.5 亿元，同比增长 9.5%。（1）中央企业 30 812.9 亿元，同比增长 5%。（2）地方国有企业 11 532.6 亿元，同比增长 23.6%。

（五）资产、负债和所有者权益

12 月末，国有企业资产总额 1 517 115.4 亿元，同比增长 10%；负债总额 997 157.4 亿元，同比增长 9.5%；所有者权益合计 519 958 亿元，同比增长 11%。（1）中央企业资产总额 751 283.5 亿元，同比增长 8.2%；负债总额 511 213 亿元，同比增长 7.3%；所有者权益合计 240 070.5 亿元，同比增长 10.2%。（2）地方国有企业资产总额 765 831.9 亿元，同比增长 11.8%；负债总额 485 944.4 亿元，

同比增长 11.9%；所有者权益合计 279 887.5 亿元，同比增长 11.7%。

二、主要行业盈利情况

1—12 月，钢铁、有色等上年同期亏损的行业持续保持盈利，煤炭、交通、石油石化等行业利润同比增幅较大；电力等行业利润同比降幅较大。

2018 年 1—12 月全国国有及国有控股企业经济运行情况

2018 年 1—12 月，全国国有及国有控股企业[①]经济运行继续保持较好态势。盈利能力和偿债能力比上年同期均有所提升，利润增幅高于收入 2.9 个百分点，石油石化、钢铁等行业利润增幅较大。

一、国有企业主要经济效益指标情况

（一）营业总收入

1—12 月，国有企业营业总收入 587 500.7 亿元，同比[②]（下

① 本月报所称全国国有及国有控股企业，包括中央管理企业、中央部门和单位所属企业以及 36 个省（自治区、直辖市、计划单列市）的地方国有及国有控股企业，不含国有一级金融企业。

② 由于企业增减变动以及股权变化等客观因素影响，不同期间纳入全国国有及国有控股企业汇总范围的企业不完全相同。本月报同比增长相关数据，由本期汇总范围内企业本年数据与同口径上年同期数据对比计算得出。

同）增长10.0%。(1）中央企业338 781.8亿元，同比增长9.8%。(2）地方国有企业248 718.9亿元，同比增长10.4%。

（二）营业总成本

1—12月，国有企业营业总成本570 431.9亿元，同比增长9.8%，其中销售费用、管理费用和财务费用同比分别增长6.6%、9.5%和13.4%。(1）中央企业325 798.6亿元，同比增长9.6%，其中销售费用、管理费用和财务费用同比分别增长5.7%、9.6%和10.5%。(2）地方国有企业244 633.3亿元，同比增长10.1%，其中销售费用、管理费用和财务费用同比分别增长7.9%、9.5%和15.8%。

（三）实现利润

1—12月，国有企业利润总额33 877.7亿元，同比增长12.9%。(1）中央企业20 399.1亿元，同比增长12.7%。(2）地方国有企业13 478.6亿元，同比增长13.2%。

（四）税后净利润

1—12月，国有企业税后净利润24 653.7亿元，增长12.1%。归属于母公司所有者的净利润15 311.6亿元，增长10.1%。(1）中央企业14 583.4亿元，增长11.8%。(2）地方国有企业10 070.3亿元，增长12.8%。

（五）应交税金

1—12月，国有企业应交税金46 089.7亿元，同比增长3.3%。(1）中央企业32 409.3亿元，同比增长3.5%。(2）地方国有企业13 680.4亿元，同比增长2.8%。

（六）资产、负债和所有者权益

12月末，国有企业资产总额1 787 482.9亿元，同比增长8.4%；负债总额1 156 474.8亿元，同比增长8.1%；所有者权益合计631 008.1亿元，同比增长9.0%。（1）中央企业资产总额803 391.7亿元，同比增长6.7%；负债总额543 908.6亿元，同比增长6.3%；所有者权益合计259 483.1亿元，同比增长7.5%。（2）地方国有企业资产总额984 091.2亿元，同比增长9.8%；负债总额612 566.2亿元，同比增长9.6%；所有者权益合计371 525.0亿元，同比增长10.1%。

（七）净资产收益率

1—12月，国有企业净资产收益率3.9%，增长0.1个百分点。（1）中央企业5.6%，增长0.2个百分点。（2）地方国有企业2.7%，增长0.1个百分点。

（八）资产负债率

12月末，国有企业资产负债率64.7%，降低0.2个百分点。（1）中央企业67.7%，降低0.3个百分点。（2）地方国有企业62.3%，降低0.1个百分点。

二、主要行业盈利情况

1—12月，石油石化、钢铁等行业利润同比大幅增长，均高于收入增长幅度。

2019 年 1—12 月全国国有及国有控股企业经济运行情况

2019 年 1—12 月，全国国有及国有控股企业①主要经济指标保持增长态势，应交税费继续下降。

一、营业总收入

1—12 月，国有企业营业总收入 625 520.5 亿元，同比②增长 6.9%。（1）中央企业 358 993.8 亿元，同比增长 6.0%。（2）地方国有企业 266 526.7 亿元，同比增长 8.2%。

二、营业总成本

1—12 月，国有企业营业总成本 609 066.1 亿元，同比增长 7.1%。（1）中央企业 344 900.0 亿元，同比增长 5.9%。（2）地方国有企业 264 166.1 亿元，同比增长 8.6%。

---

① 本月报所称全国国有及国有控股企业包括：国资委、财政部履行出资人职责的企业，中央部门和单位所属企业等中央企业，36 个省（自治区、直辖市、计划单列市）的地方国有及国有控股企业，不含国有一级金融企业。

② 由于企业增减变动以及股权变化等客观因素影响，不同期间纳入全国国有及国有控股企业汇总范围的企业不完全相同。本月报同比增长相关数据，由本期汇总范围内企业本年数据与同口径上年同期数据对比计算得出。

三、利润总额

1—12 月，国有企业利润总额 35 961. 0 亿元，同比增长 4. 7%。其中，中央企业 22 652. 7 亿元，同比增长 8. 7%；地方国有企业 13 308. 3 亿元，同比下降 1. 5%。1—12 月，国有企业税后净利润 26 318. 4 亿元，同比增长 5. 2%，归属于母公司所有者的净利润 15 496. 0 亿元。其中，中央企业 16 539. 9 亿元，同比增长 10. 4%，归属于母公司所有者的净利润 9 644. 2 亿元；地方国有企业 9 778. 5 亿元，同比下降 2. 7%，归属于母公司所有者的净利润 5 851. 9 亿元。

四、应交税费

1—12 月，国有企业应交税费 46 096. 3 亿元，同比下降 0. 7%。（1）中央企业 32 317. 1 亿元，同比下降 0. 7%。（2）地方国有企业 13 779. 2 亿元，同比下降 0. 6%。

五、成本费用利润率

1—12 月，国有企业成本费用利润率 6. 0%，下降 0. 1 个百分点。（1）中央企业 6. 7%，增长 0. 2 个百分点。（2）地方国有企业 5. 1%，下降 0. 5 个百分点。

六、资产负债率

12 月末，国有企业资产负债率 63. 9%，下降 0. 2 个百分点。

（1）中央企业67.0%，下降0.4个百分点。（2）地方国有企业61.6%，增长0.1个百分点。

2020年1—12月全国国有及国有控股企业经济运行情况

2020年，全国国有及国有控股企业①奋力抗击新冠肺炎疫情等多重前所未有的困难和挑战，实现营业总收入同比②增长2.1%，利润总额达2019年同期95.5%，经济运行回稳向好趋势不断巩固。

一、营业总收入

12月，国有企业营业总收入较2019年同期增长14.1%。1—12月，营业总收入632 867.7亿元，同比增长2.1%，较1—11月提高1.3个百分点，其中中央企业353 285.6亿元，同比下降1.9%，地方国有企业279 582.1亿元，同比增长7.5%。

二、营业总成本

12月，国有企业营业总成本较2019年同期增长8.9%。1—12

① 本月报所称全国国有及国有控股企业，包括国资委、财政部履行出资人职责的中央企业、中央部门和单位所属企业以及36个省（自治区、直辖市、计划单列市）的地方国有及国有控股企业，不含国有一级金融企业。

② 由于企业增减变动以及股权变化等客观因素影响，不同期间纳入全国国有及国有控股企业汇总范围的企业不完全相同。本月报同比增长相关数据，由本期汇总范围内企业本年数据与同口径上年同期数据对比计算得出。

月，营业总成本614 685.2亿元，同比增长2.8%，其中中央企业336 920.8亿元，同比下降1.3%，地方国有企业277 764.4亿元，同比增长8.3%。

三、利润总额

12月，国有企业利润总额较2019年同期增长13.8%。1—12月，利润总额34 222.7亿元，同比下降4.5%，较1—11月降幅收窄1.6个百分点，其中中央企业21 557.3亿元，同比下降5.0%，地方国有企业12 665.4亿元，同比下降3.6%。

四、净利润

12月，国有企业税后净利润较2019年同期增长14.2%。1—12月，税后净利润24 761.7亿元，同比下降5.6%，归属于母公司所有者的净利润14 138.6亿元，其中中央企业税后净利润15 718.0亿元，同比下降5.6%，地方国有企业税后净利润9 043.7亿元，同比下降5.5%。

五、应交税费

12月，国有企业应交税费较2019年同期增长12.1%。1—12月，应交税费46 111.3亿元，同比增长0.2%，其中中央企业32 088.5亿元，同比下降0.8%，地方国有企业14 022.8亿元，同比增长2.4%。

六、成本费用利润率

12 月，国有企业成本费用利润率较 2019 年同期提高 0.2 个百分点。1—12 月，成本费用利润率 5.6%，同比减少 0.4 个百分点，中央企业 6.5%，同比减少 0.2 个百分点，地方国有企业 4.6%，同比减少 0.6 个百分点。

七、资产负债率

12 月末，国有企业资产负债率 64.0%，较 2019 年同期提高 0.2 个百分点，中央企业 66.7%，同比减少 0.3 个百分点，地方国有企业 62.2%，同比提高 0.6 个百分点。

致 谢

国有企业改革是全面深化经济体制改革的重要突破口。中国财政科学研究院国资管理与资本运营研究中心基于长期以来对国资国企改革的系统研究，于 2015 年启动对本轮（2015—2020 年）改革进展的研究，通过设计中国财政科学研究院国企改革指数（CSRI）反映改革进展，更好服务深化改革。

在中国财政科学研究院党委班子的大力支持下，该研究得以立项。课题研究还得到了国务院发展研究中心企业研究所马骏所长、清华大学经济管理学院魏杰教授的指导，两位专家拨冗为本书作专家推荐。此外，6 年的跟踪研究中，中国财政科学研究院研究生宋韶君、翟盼盼、梁滢颖、褚彦含等在资料收集、数据分析、文字校对等方面做了很好的支撑，在此一并表示感谢。

图书即将付梓，我们将继续秉持科研人的“工匠精神”，以在国资管理、国企改革、国资运营领域更加深入的研究，更好服务中心工作，服务改革大局。

文宗瑜　谭静

2021 年 3 月